广西哲学社会科学项目（13CMZ004）
本书得到　广西高校人文社科重点研究基地——广西旅游产
桂林理工大学旅游管理国家一流专业建设专项经

乡村旅游背景下南岭瑶寨聚落文化保护发展研究

邓敏 ◎ 著

企业管理出版社
EMPH ENTERPRISE MANAGEMENT PUBLISHING HOUSE

内 容 简 介

本书梳理了乡村旅游与南岭瑶寨聚落文化保护发展的脉络，提取了南岭瑶寨聚落文化基因并建立了图谱，分析了乡村旅游与南岭瑶寨聚落文化之间的相互影响及作用力，归纳了南岭瑶寨乡村旅游与聚落文化协调的发展模式，制定了从内核保护到外围发展中乡村旅游与南岭瑶寨聚落文化的设计、创新、保护与传承的保障措施，从而为乡村旅游背景下南岭瑶寨聚落文化保护与发展提供了可行性建议。全书分为绪论、文献研究与相关理论基础、南岭瑶寨聚落文化基因的梳理、南岭瑶寨聚落乡村旅游发展概况、乡村旅游与南岭瑶寨聚落文化的相互关系、实证影响研究、南岭瑶寨聚落文化保护协调发展路径及研究结论与未来展望，共 8 章。

本书具有较强的理论价值和应用价值，可作为旅游业和聚落文化相关领域的从业人员、管理者、高等院校相关师生的参考用书。

图书在版编目（CIP）数据

乡村旅游背景下南岭瑶寨聚落文化保护发展研究 / 邓敏著 .—北京：企业管理出版社，2020.9
ISBN 978-7-5164-2223-6

Ⅰ .①乡… Ⅱ .①邓… Ⅲ .①南岭－瑶族－民族文化－保护－研究
②南岭－瑶族 民族文化－文化发展－研究 Ⅳ .① K285.1

中国版本图书馆 CIP 数据核字（2020）第 183103 号

书　　名：	乡村旅游背景下南岭瑶寨聚落文化保护发展研究
作　　者：	邓　敏
责任编辑：	杨慧芳　　侯春霞　　赵喜勤
书　　号：	ISBN 978-7-5164-2223-6
出版发行：	企业管理出版社
地　　址：	北京市海淀区紫竹院南路 17 号　　邮编：100048
网　　址：	http://www.emph.cn
电　　话：	发行部（010）68701816　　编辑部（010）68420309
电子信箱：	314819720@qq.com
印　　刷：	北京虎彩文化传播有限公司
经　　销：	新华书店
规　　格：	710 毫米 ×1000 毫米　　16 开本　　13.75 印张　　238 千字
版　　次：	2020 年 10 月第 1 版　　2020 年 10 月第 1 次印刷
定　　价：	78.00 元

版权所有　　翻印必究　　印装有误　　负责调换

前　　言

"南岭无山不有瑶",是对瑶族人民在南岭地区地理分布特征的高度概括。在中国南部连绵不绝的南岭山脉中,瑶族居住格局呈现"大杂居、小聚居"的特点。南岭瑶寨,位居山清水秀之地,生态环境、民风民俗、聚落文化成为乡村旅游发展的重要吸引物和条件,而对南岭瑶寨聚落文化内涵的挖掘、保护与开发则是乡村旅游可持续发展的基础。因此,沿循资料准备和开展调研、理论研究与实地调查、理论推导与定量研究、实证分析与初步成果交流、补充调研和成果修订的研究路线,采取规范分析与实证分析相结合的方法,探寻南岭瑶寨聚落文化与乡村旅游协调发展的模式,探讨乡村旅游背景下南岭瑶寨聚落文化保护和发展的方向与路径,对于提升南岭瑶寨聚落文化保护和发展意识,促进南岭瑶寨地区乡村旅游可持续发展具有一定的现实意义。

本书对于乡村旅游与南岭瑶寨聚落文化保护与发展的探讨主要包括以下几个方面。

第 1 章　绪论。主要阐述研究背景、选题依据和研究意义、研究问题及内容、研究方法、研究思路及技术路线。

第 2 章　文献研究与相关理论基础。主要通过对乡村旅游与瑶族村寨进行概念辨析,梳理国内外瑶族村寨、乡村旅游与聚落文化研究脉络;归纳乡村旅游、聚落文化的基本特征;探讨乡村旅游聚落文化研究中的热点与盲点;建立乡村旅游和聚落文化保护与发展的联系;运用区域经济增长理论、增长极理论、文化变迁理论、文化基因理论、社会表征理论,开展乡村旅游和南岭瑶寨保护与发展的研究。

第 3 章　南岭瑶寨聚落文化基因的梳理。通过对南岭瑶寨村落文化基因的深层次考察、梳理和提取，分析南岭瑶寨聚落文化的组成，借鉴经典文化模型，遵循游客感知原则、消费者偏好原则、主体参与原则、可持续发展原则，从物质文化基因、精神文化基因、制度文化基因、行为文化基因层面，绘制南岭瑶寨聚落文化基因图谱，彰显瑶寨聚落文化的价值，突显瑶寨聚落文化保护的意义。

第4章 南岭瑶寨聚落乡村旅游发展概况。介绍南岭瑶寨所属南岭的地理分布情况、自然资源禀赋、人文历史资源，凸显南岭瑶寨聚落文化基因的表现形式，突出发展乡村旅游的意义，解析乡村旅游对聚落文化保护与发展的积极影响和消极影响，分类、归纳和总结南岭瑶寨乡村旅游开发模式，推进南岭瑶寨乡村旅游积极发展。

第5章 乡村旅游与南岭瑶寨聚落文化的相互关系。在经济基础决定上层建筑的理论指导下，探寻乡村旅游与南岭瑶寨聚落文化之间的关系：前者作为南岭瑶寨经济发展的重要驱动力，奠定了南岭瑶寨聚落文化保护和发展的经济基础；后者作为南岭瑶寨的上层建筑，为南岭瑶寨经济发展，尤其是乡村旅游经济发展提供发展方向。

第6章 乡村旅游对南岭瑶寨聚落文化保护与发展的实证影响研究。通过对广西壮族自治区富川瑶族自治县秀水村和恭城瑶族自治县红岩村两地开展田野调查，在"游客期望"系统视角下，探讨秀水村与红岩村两地在乡村旅游发展过程中，南岭瑶寨聚落文化保护与发展面临的具体问题，以及乡村旅游发展对聚落文化保护与发展的作用，分别为两地提出促进乡村旅游可持续发展与保护南岭瑶寨聚落文化的对策。

第7章 南岭瑶寨聚落文化保护协调发展路径。在南岭瑶寨乡村旅游发展和聚落文化保护与发展的实证研究基础上，构建南岭乡村旅游和瑶寨聚落文化保护与发展的协调机制。从政治、思想、经济、技术、环境、制度、社会等多方位制定乡村旅游和南岭瑶寨聚落文化保护与发展的保障措施，最后从内核保护到外围发展的视角提出乡村旅游和南岭瑶寨聚落文化保护与发展的路径,确保乡村旅游与南岭瑶寨聚落文化保护与发展工作的有序推进。

第 8 章 结语。阐述了南岭瑶寨聚落文化保护和发展的研究不足及对未来的展望。

本书理论研究与实证研究密切结合,具有较强的理论价值和应用价值,期望对南岭瑶寨地区乡村旅游与聚落文化的保护与发展工作有所启示。

目 录

第1章 绪论 ··· 001

1.1 研究背景 ·· 001
1.1.1 乡村旅游推动南岭瑶寨地方经济发展 ············ 001
1.1.2 南岭瑶寨文化受到外来文化的冲击和威胁 ········ 002
1.1.3 南岭瑶寨聚落文化保护与发展滞后 ·············· 003

1.2 选题依据和研究意义 ····························· 005
1.2.1 选题依据 ·································· 005
1.2.2 研究意义 ·································· 005

1.3 研究目的及内容 ································ 006
1.3.1 研究目的 ·································· 006
1.3.2 研究内容 ·································· 007

1.4 研究方法 ······································ 008
1.4.1 文献研究法 ································ 008
1.4.2 田野调查法 ································ 009
1.4.3 定量和定性分析法 ·························· 011
1.4.4 探索性多案例研究法 ························ 012

1.5 研究思路及技术路线 ····························· 012
1.5.1 研究思路 ·································· 012
1.5.2 技术路线 ·································· 013

第2章 文献研究与相关理论基础 ········ 014

2.1 南岭瑶寨与乡村旅游相关研究 ········ 014
  - 2.1.1 南岭瑶寨相关研究 ········ 014
  - 2.1.2 乡村旅游相关研究 ········ 020

2.2 聚落与聚落文化 ········ 031
  - 2.2.1 聚落的理解 ········ 031
  - 2.2.2 聚落文化的理解 ········ 032

2.3 相关理论基础 ········ 040
  - 2.3.1 区域经济增长理论 ········ 040
  - 2.3.2 增长极理论 ········ 042
  - 2.3.3 文化变迁理论 ········ 045
  - 2.3.4 文化基因理论 ········ 049
  - 2.3.5 社会表征理论 ········ 052

第3章 南岭瑶寨聚落文化基因的梳理 ········ 055

3.1 瑶寨聚落文化基因的演变 ········ 055
  - 3.1.1 文化的组成 ········ 055
  - 3.1.2 文化模型 ········ 057
  - 3.1.3 聚落文化基因的演变 ········ 058

3.2 聚落文化基因的梳理原则 ········ 061
  - 3.2.1 游客感知原则 ········ 061
  - 3.2.2 消费者偏好原则 ········ 062
  - 3.2.3 文化主体参与原则 ········ 063
  - 3.2.4 可持续发展原则 ········ 063

3.3 南岭瑶寨聚落文化基因的作用 ··· 064
3.3.1 物质文化基因的作用 ··· 064
3.3.2 精神文化基因的作用 ··· 065
3.3.3 制度文化基因的作用 ··· 065
3.3.4 行为文化基因的作用 ··· 065

3.4 南岭瑶寨聚落文化基因梳理 ··· 066

3.5 南岭瑶寨聚落文化基因均值的计算与评价 ································· 070
3.5.1 均值的特征 ··· 070
3.5.2 均值的评价 ··· 071

第4章 南岭瑶寨聚落乡村旅游发展概况 ··············· 073

4.1 南岭瑶寨聚落地理特征 ··· 073
4.1.1 南岭地理区划范围明显 ·· 073
4.1.2 南岭自然资源丰厚 ·· 075
4.1.3 南岭人文资源历史悠久 ·· 076
4.1.4 南岭民族风情异常浓郁 ·· 077

4.2 南岭瑶寨聚落乡村旅游发展的作用 ·· 079
4.2.1 南岭瑶寨聚落乡村旅游的特点 ·· 079
4.2.2 南岭瑶寨聚落文化基因的表现形式 ···································· 082
4.2.3 南岭瑶寨聚落旅游发展的作用及意义 ································· 084

4.3 南岭瑶寨聚落乡村旅游的开发 ·· 087
4.3.1 开发原则 ··· 087
4.3.2 开发模式 ··· 089
4.3.3 开发形象 ··· 094
4.3.4 开发项目 ··· 097

第5章 乡村旅游与南岭瑶寨聚落文化的相互关系… 100

5.1 乡村旅游发展夯实南岭瑶寨的经济基础 …………………… 100

5.2 聚落文化决定南岭瑶寨的上层建筑 ………………………… 101

5.3 乡村旅游对南岭瑶寨聚落文化的影响 ……………………… 103

  5.3.1 乡村旅游影响聚落文化的作用机理 …………… 103

  5.3.2 乡村旅游对聚落文化的积极影响 ……………… 104

  5.3.3 乡村旅游对聚落文化的消极影响 ……………… 107

5.4 南岭瑶寨聚落文化保护发展的动因 ………………………… 110

  5.4.1 南岭瑶寨聚落文化保护发展的外部动因 ……… 110

  5.4.2 南岭瑶寨聚落文化保护发展的内部动因 ……… 113

5.5 南岭瑶寨聚落文化保护发展的动态变化 …………………… 117

  5.5.1 南岭瑶寨聚落文化在乡村旅游发展前的被动保护 …… 117

  5.5.2 南岭瑶寨聚落文化在乡村旅游发展后的主动保护 …… 119

第6章 乡村旅游对南岭瑶寨聚落文化保护与发展的实证影响研究 …………………………………… 122

6.1 南岭瑶寨乡村旅游发展周期 ………………………………… 122

  6.1.1 乡村旅游目的地生命周期发展 ………………… 122

  6.1.2 乡村旅游目的地生命周期阶段及其特征 ……… 124

  6.1.3 南岭瑶寨乡村旅游发展阶段 …………………… 126

6.2 富川瑶族自治县秀水村实证研究 …………………………… 128

  6.2.1 秀水村概况 ……………………………………… 128

  6.2.2 秀水村聚落文化基因梳理 ……………………… 129

  6.2.3 乡村旅游发展下秀水村聚落文化保护发展现状 …… 136

目录

  6.2.4　秀水村聚落文化游客的感知分析 ·· 137

  6.2.5　秀水村聚落文化保护发展存在的问题 ································ 141

  6.2.6　秀水村聚落文化保护与发展对策 ·· 144

6.3　恭城瑶族自治县红岩村实证研究 ·· 148

  6.3.1　红岩村概况 ·· 148

  6.3.2　红岩村聚落文化基因梳理 ·· 148

  6.3.3　乡村旅游发展下红岩村聚落文化保护发展现状 ·················· 154

  6.3.4　红岩村聚落文化游客的感知分析 ·· 155

  6.3.5　红岩村聚落文化保护发展存在的问题 ································ 159

  6.3.6　红岩村聚落文化保护和发展对策 ·· 161

第7章　南岭瑶寨聚落文化保护协调发展路径 ········· 165

7.1　南岭乡村旅游与瑶寨聚落文化保护与发展 ································ 165

  7.1.1　乡村旅游发展的作用力 ·· 165

  7.1.2　南岭瑶寨聚落文化保护的作用力 ·· 165

  7.1.3　乡村旅游与南岭瑶寨聚落文化保护与发展的协调机制 ······ 166

7.2　乡村旅游发展中聚落文化保护和发展的原则 ···························· 167

  7.2.1　主次原则 ·· 167

  7.2.2　度与量的原则 ·· 167

  7.2.3　外围包围内核原则 ·· 168

  7.2.4　可持续发展原则 ·· 168

7.3　南岭瑶寨聚落文化保护与发展的举措 ·· 168

  7.3.1　立法文明，政策保障 ·· 169

  7.3.2　宣传跟进，思想保障 ·· 169

  7.3.3　旅游发展，经济保障 ·· 169

  7.3.4 科技应用，技术保障 ······ 170
  7.3.5 生态维护，环境保障 ······ 170
  7.3.6 展演传承，制度保障 ······ 170
  7.3.7 民族团结，社会保障 ······ 171
 7.4 乡村旅游发展中南岭瑶寨聚落文化保护与发展的路径 ······ 171
  7.4.1 内核保护路径 ······ 172
  7.4.2 外围发展路径 ······ 177

第8章 研究结论与未来展望 ······ 181

 8.1 研究结论 ······ 181
  8.1.1 研究小结 ······ 181
  8.1.2 研究不足 ······ 184
 8.2 未来展望 ······ 185

参考文献 ······ 186

后　　记 ······ 199

附　　录 ······ 201

 附录1　富川瑶族自治县秀水村聚落文化游客感知调查问卷 ······ 201
 附录2　恭城瑶族自治县红岩村聚落文化游客感知调查问卷 ······ 205

第1章 绪论

1.1 研究背景

1.1.1 乡村旅游推动南岭瑶寨地方经济发展

中国乡村旅游萌芽于20世纪80年代，起始于90年代，发展于2000年以后。《中国旅游研究30年专家评论》一书从三方面阐述了乡村旅游的发展契机：一是从城乡发展需求变化来看，激发久居城市的人们假日到乡村观光旅游、休闲度假；二是从城乡发展条件来看，环境优美、农耕文化和民俗风情浓厚的乡村生活为乡村旅游提供有利的发展条件；三是从城乡发展契机来看，中国进入工业反哺农业，城市支援农村发展，借助乡村旅游改变农民思想观念、促进农村经济发展的阶段。[①] 中国乡村旅游的蓬勃发展，中国社会科学院舆情实验室在2016年中国（袁家村）乡村旅游高峰论坛上发布的《中国乡村旅游发展指数报告》中指出，2016年中国乡村旅游进入大旅游时代，在政策引导、城镇化拉动、汽车普及、投资驱动、新消费革命的推动下，乡村旅游将保持较快的增长速度，预计到2025年乡村旅游人次将近30亿人次。[②] 中国农业农村部乡村产业发展司负责人公布数据，2018年全国休闲农业和乡

[①] 中国旅游研究院.中国旅游研究30年专家评论［M］.北京：中国旅游出版社，2009.
[②] 大成.《中国乡村旅游发展指数报告》出炉，2025年中国乡村游人数将达30亿人次［EB/OL］.（2016-11-03）.

村旅游营业收入超过 8000 亿元。① 乡村旅游成为推动农村经济发展，调整农业产业结构，增加农民收入的良方。

南岭瑶寨地处五岭之间，"南岭无山不有瑶"说的就是瑶族在越城岭、都庞岭、萌渚岭、骑田岭和大庾岭这五条南岭山岭间呈现大分散、小聚居的分布态势。② 它们主要分布在海拔 1000 米至 2000 米之间，瑶寨周围竹木叠翠且风景秀丽。南岭瑶寨聚居人口近 200 万，占我国瑶族总人口的 2/3。南岭瑶寨大多地处高山地带，资源相对匮乏，交通相对不便，瑶族同胞受地理位置、资源环境的影响，保持着传统的生活习惯，其农民人均收入低，经济相对滞后。南岭瑶寨保存着质朴的瑶族民俗和瑶族民风，保持着原生态、质朴的生态环境。所以，寻找适合南岭瑶族村寨经济发展的产业和提高农民收入、改善村民生活条件的途径非常重要。在中国乡村旅游发展的大背景下，南岭瑶族村寨因其少数民族风情浓郁，地方特色鲜明，因此吸引大量的游客前往。实践证明，乡村旅游成了南岭瑶族地区调整农村经济产业结构，提高农民收入，带动南岭瑶族地区经济发展的有效途径。

1.1.2 南岭瑶寨文化受到外来文化的冲击和威胁

南岭瑶寨乡村旅游发展的核心在于对民族文化的开发。南岭瑶寨民族文化成为乡村旅游发展中备受关注的旅游资源。"旅游民族"既可以渗透参与者对本民族群体及其传统文化的认同意识，又会使得本民族与其他民族形成新型族际交际，并使之对民族传统文化和现代都市文化生活具备双重的适应性。③ "旅游民族"的出现，意欲表达对文化差异性的强调和认同，处理好则可以帮助本

---

① 农业农村部乡村产业发展司有关负责人就促进休闲农业和乡村旅游发展答记者问：2018 年全国休闲农业和乡村旅游营业收入超过八千亿元 [EB/OL].（2019-02-14）.

② 上海师范大学地理系《中国地理》编写组. 祖国的好山河 [M]. 上海：上海人民出版社，1973.

③ 曾艳. 瑶族文化探骊：全国瑶族文化高峰论坛论文集 [M]. 北京：中央民族大学出版社，2011.

民族文化的开发，突出自己民族的特色。

南岭瑶寨地区大都是山区，因其地处偏僻之地，交通不便，受外界影响较小，还保留着浓郁的、原始的民风和特色习俗，其社会文化要素具有形式上的完整性和内容上的独特性，社会文化环境具有良好的自我传承性，对外地游客具有较强的吸引力。瑶族文化既具有独特性，同样也具有脆弱性。南岭瑶寨乡村旅游在发展过程中，瑶族就是作为被开发的对象，容易受到外来文化的洗礼。尤其是旅游的发展不但为瑶族地区带来了游客流、资金流、物资流，而且还带有大量的信息流。南岭瑶寨享受着乡村旅游带来的经济福利的同时，与南岭瑶寨地区生生相息的瑶族传统文化受到了冲击。随着游客的增多，相对简单和落后的南岭瑶寨的社会文化构成要素及其组合方式，在与外界的交流与互动过程中，表现出其脆弱性和易变性。南岭瑶族文化是一种不可再生的资源，一旦开发不当或过度开发，或不注意保护就会枯竭乃至消失。因此，南岭瑶族文化应该得到全面保护。

1.1.3 南岭瑶寨聚落文化保护与发展滞后

聚落，本义是村落，人们聚居的地方。南岭瑶寨聚落，即为瑶族同胞在南岭山脉间聚居之地，也可理解为南岭瑶族同胞居住的乡村。南岭瑶寨聚落是在南岭山区中人口相对集中、商贸相对发达的聚居地。鲁迅说："有地方色彩的，倒容易成为世界的。"[1] 聚落的自然环境、人文环境都是独特的。南岭瑶寨聚落文化因其地质地貌特色、地理位置、生活习俗、生活态度等因素，形成了风格不一、独具特色的聚落文化，成为科学研究、商务活动、旅游观光的目的地，如今也成为民族地区乡村旅游受追捧之地。

乡村旅游的发展，让政府、开发商、社区居民、游客纷纷认识到南岭瑶寨聚落文化的价值，开发商、旅游部门加大了对南岭聚落文化的开发和利用，

---

[1] 鲁迅.鲁迅全集[M].北京：人民文学出版社，2006.

在强调经济利益发展的同时，却忽视了乡村旅游发展过程中带来的环境污染、传统聚落景观特色破坏、传统文化淡化等一系列的社会问题。

乡村旅游发展可能会带来一些负面效应，诸如民族旅游地传统文化的丧失、变异、贬低与扭曲，社会伦理失范等负面效应，游客带来的潜在的社会文化风险会直接损害少数民族的权益，影响了少数民族地区文化旅游的可持续发展。这也引发了南岭瑶寨聚落文化保护不当、旅游吸引力减弱等问题。南岭瑶寨聚落文化在历史长河中形成了独具民族特色的历史价值、文化价值和美学价值，吸引着游客络绎不绝前来观光体验，当然，也容易受到外来文化的冲击。众所周知，现代文明，也许要取代传统文化，而传统文化，又孕育着现代文明。因为今天的"现实"，就是明天的历史；今天的"现代文明"，就可能构成明天的"传统文化"。人类文明的发展，永远处于周而复始，不断向高层次的发展之中。在与现代文明的对抗中，南岭瑶寨聚落文化要成为传统文明的有力支撑点，让现代文明与南岭瑶寨聚落的传统文化相互相融、相辅相成；让南岭瑶寨聚落文化不断发展成为新的文明因素，坚定瑶族同胞的民族自信心。

因此，在乡村旅游发展背景下，随着对南岭瑶寨聚落文化保护和开发，只有在本民族群体及其对当地传统文化的认同过程中，南岭瑶寨需扩大本民族与其他民族的交流，在新型族际交际圈中，加强本民族对瑶族传统文化和现代都市文化生活的双重适应性。南岭瑶寨聚落文化适应变化了的现代物质生活和文化生活，在政府、旅游者、旅游企业和旅游地社区的共同帮助下，其应加强、恢复、保护和开发南岭瑶寨聚落文化的旅游活动，增强旅游目的地瑶族民族文化自豪感，改善封闭落后的南岭山区瑶寨的社会文化环境，在推动南岭瑶寨聚落文化积极融入当地现代文明进程中，政府应帮助南岭瑶寨寻找积极有效的保护与开发的路径，形成瑶族文化的良性发展。

1.2 选题依据和研究意义

1.2.1 选题依据

"农业问题、农民问题、农村问题"是中国历史形成的二元社会中的突出问题，是农业文明向工业文明过渡的必然产物。实践经验证明，城乡发展一体化是解决"三农"问题的根本途径，做好三产融合，能够促进二、三产业发展，促进农村的进步、农业的发展。旅游业逐渐成为国民经济的支柱型产业。乡村旅游作为旅游业的一个分支，既融合三产，又紧密联结农业生产、农产品加工业、农村服务业，是一种新型的产业形态和消费业态。

2018年10月，国家发展和改革委员会等13个部门联合印发《促进乡村旅游发展提质升级行动方案（2018年—2020年）》，2018年12月，文化和旅游部、国家发展和改革委员会等十几个部门联合发布《关于促进乡村旅游可持续发展的指导意见》，无不凸显了乡村旅游在提高城乡居民生活质量、促进贫困地区脱贫攻坚等方面发挥着重要作用。民族地区乡村经济得以大力发展的前提是民族地区乡村旅游吸引物能够可持续发展。为了保证民族地区乡村旅游的发展，尤其南岭瑶族地区乡村旅游的可持续发展，势必需要保证作为旅游吸引物的南岭瑶族聚落文化的可持续发展。因此南岭瑶寨聚落文化的保护与传承是南岭乡村旅游可持续发展的核心要素。

1.2.2 研究意义

本研究将聚焦在广西境内的南岭乡村旅游和瑶寨聚落文化层面，以乡村旅游经济发展能促进乡村聚集文化的保护与发展为出发点，分析瑶寨聚落文化的价值与乡村旅游对南岭瑶寨聚落文化的影响，构建乡村旅游与瑶寨聚落文化协调发展的模式，创建乡村旅游与瑶寨聚落文化保护与发展的路径，提出乡村旅游与瑶寨聚落文化保护与发展的保障机制。本研究的成果对深化现有的南岭乡村旅游和瑶寨聚落文化的保护与发展的研究具有重要的理论意义。

实践证明，乡村旅游的发展是促进城乡沟通、缩小城乡的经济和文化差距，建设社会主义新农村和构建新型和谐的城乡关系、保护和发展乡村聚落文化的一种有效的途径。本研究关注南岭通过发展乡村旅游，以此促进对瑶族乡村聚落文化的抢救、保护、传承和弘扬。党的十九大提出的"乡村振兴战略"，党中央提出的"全面建设小康社会"，国务院提出的"加快发展旅游业"的形势下，对于推动民族地区旅游业健康持续发展、促进民族团结、建构和谐社区具有重要的社会意义和实际应用价值。

1.3　研究目的及内容

1.3.1　研究目的

伴随着我国经济的蓬勃发展，人们旅游需求日益旺盛，乡村旅游由于距离主要旅游客源地近、消费低等优势，成为众多居民旅游的选择。在乡村旅游迅猛发展的背景下，南岭瑶寨聚落文化受到了冲击，发生了变化。在瑶族文化变迁发生、发展过程中，如何保护和发展瑶族文化成了亟须思考的问题。在此背景下，本研究着重思考在瑶族大杂居、小聚居的居住格局中，瑶寨聚落文化成了瑶族文化的重要载体，通过用文化基因的视角界定瑶寨聚落文化基因，将"乡土文化""聚落文化""旅游文化"进行有机结合，深入探讨在南岭瑶寨乡村旅游开发的过程中，在游客的"期望系统"中，聚落文化基因的组合及组成，借助乡村旅游与聚落文化协调发展的机制，探索南岭瑶寨聚落文化增加保护、传承、创新、设计的路径及制定其保障措施。

1.3.2 研究内容

本书共分为八章，其涵盖的主要研究内容如下。

第1章，绪论。旨在阐述本研究的意义、对象与框架以及研究思路、方法和技术路线。

第2章，文献研究与相关理论基础。主要是对瑶族村寨与乡村旅游进行了概念的辨析，探讨了瑶寨乡村旅游的基本特征，并对瑶族村寨旅游研究现状进行了梳理，结合区域经济增长理论、文化变迁理论、文化基因理论，梳理出了瑶寨聚落文化保护与发展的主要理论基础。

第3章，南岭瑶寨聚落文化基因的梳理。俗称"南岭无山不有瑶"，南岭是瑶族的主要聚居地，通过对南岭瑶寨村落文化基因的深层次考察、梳理、表达和提取，完成南岭瑶寨聚落文化基因图谱，彰显瑶寨聚落文化的价值，突显瑶寨聚落文化保护的意义。

第4章，南岭瑶寨聚落乡村旅游发展概述。介绍了南岭的地理分布情况、自然资源禀赋、人文历史资源，凸显了南岭瑶寨发展乡村旅游的意义，通过介绍南岭瑶族丰富的旅游资源、南岭瑶寨的乡村旅游开发现状，对南岭瑶寨乡村旅游开发模式进行了分类和归纳。

第5章，乡村旅游与南岭瑶寨聚落文化的相互关系。解析乡村旅游与南岭瑶寨聚落文化之间依存着经济基础决定上层建筑，上层建筑反作用于经济基础的发展规律，探寻了乡村旅游的发展在南岭瑶寨调整产业结构，瑶族同胞提高收入等方面的积极效用，在夯实南岭乡村旅游瑶族经济基础的同时，分析了南岭聚落文化作为上层建筑的组成部分，其保护与发展的程度对于南岭瑶寨乡村旅游的发展、经济收入的增加起到的作用。乡村旅游与南岭瑶寨聚落文化保护与发展之间关联紧密。

第6章，乡村旅游对南岭瑶寨聚落文化保护与发展的实证影响研究。笔者通过对广西壮族自治区富川瑶族自治县秀水村和恭城瑶族自治县红岩村两地开展田野调查，在游客"期望系统"视角下，通过问卷调查了解游客对聚落文化基因的认知，深入探讨乡村旅游在南岭瑶寨发展过程中，政府在改善瑶寨经济结构，增加瑶民收入，提高瑶民综合素质等方面发挥着积极作用，以及在瑶族聚落文化基因的保护、创新、传承、发展中发挥的重要的作用。同时，我们也要正视乡村旅游在南岭瑶族聚落文化传承、保护、发展中所受到的消极影响。本章最后有针对性地提出减弱乡村旅游对聚落文化营销的消极作用，凸显积极作用，多渠道促进南岭瑶寨聚落文化的保护和发展，共同建设美丽瑶寨。

第7章，南岭瑶寨聚落文化保护协调发展路径。在阐述南岭瑶寨乡村旅游发展实证研究基础上，明确乡村旅游发展中要坚守的南岭瑶寨聚落文化保护和开发的原则，归纳总结旅游发展对瑶寨聚落文化的作用力与反作用力，构建乡村旅游与南岭瑶寨聚落文化的协调发展模式。从外围保护到内核发展的视角，本章提出乡村旅游与南岭瑶寨聚落文化保护与发展的路径。南岭乡村旅游与瑶寨聚落文化保护发展保障措施。从政策、思想、经济、技术、环境、制度、社会等多方提出了保障南岭乡村旅游与瑶寨聚落文化保护协调发展的措施。

第8章，结语。经过实证与理论研究，最后指出南岭瑶寨聚落文化保护和发展的研究不足和研究展望。

1.4　研究方法

1.4.1　文献研究法

文献研究法是众多学者在研究过程中最常用的科学研究方法。文献研究所遵循的程序与其他常应用于经济学、管理学研究领域的研究方法相同。主要包括做出假设、研究设计、查找文献、整理文献和撰写文献综述五个环节。[1] 在

---

[1] 冯光明，蔡运记，冯靖雯.经济与管理类毕业论文写作导论［M］.北京：清华大学出版社，2013.

提出"乡村旅游与南岭瑶寨聚落文化保护与发展"之间存在必然联系的假设基础上,通过对乡村旅游发展能够促进南岭瑶寨聚落文化保护和发展的假设前提下,通过研究设计,搜集大量的国内外学术文献,对相关文献进行梳理,了解本研究领域的成果和存在的不足,为进一步的研究指引方向。为了保证资料的真实性和科学性,本研究所参考的文献都来自国内外权威数据库及相关领域的权威期刊。通过对文献的梳理,笔者发现国外对于少数民族聚落文化的研究侧重点与国内聚落文化的研究侧重点不同,因此本研究借鉴的资料主要是国内的相关文献。另外,在建立严密的调查计划,厘清研究问题的历史和现状后,有针对性地收集和获得一些本土和地方的资料,主要有:①中华人民共和国文化和旅游部、中华人民共和国国家民族事务委员会民委、中华人民共和国国家统计局等权威部门定期发布的统计公报、定期出版的各类统计年鉴。②国内外有关乡村旅游、聚落文化保护的报纸、杂志、电视、网络等大众传播媒介。③广西壮族自治区恭城瑶族自治县和富川瑶族自治县的官方网站、恭城瑶族自治县文化旅游广播电视体育局、富瑶族自治县文体和旅游局及相关部门有价值的文献档案资料。④地方高等院校、科研机构等发表的学术论文和调查报告等。这些资料构成了本研究的文献基础。

1.4.2 田野调查法

田野调查法是获取研究资料的最基本途径。科学的人类学田野调查方法是由英国功能学派代表人物马凌诺夫斯基提出的。[①] 它要求调查人员通过与被调查对象的共同生活,从而对其所处环境的氛围与文化有一定的了解与认识,这是田野调查最重要的研究手段,称之为参与观察。我国著名的社会学家费孝通先生是马林诺夫斯基的学生,在田野调查方面卓有成绩。他曾经深入南岭山脉中的大瑶山与瑶民同吃、同住、同生活,从而收集了宝贵的调查资料。他一

---

① 马凌诺夫斯基.文译化论[M].费孝通,译.北京:华夏出版社,2001.

生六上瑶山，通过《六上瑶山》一书将其在大瑶山的田野调查归纳汇总。[①]为了解研究区域及调查对象的全貌和发展过程，笔者自2006年至今一直关注广西壮族自治区桂林市恭城瑶族自治县红岩村，为拓展本研究的深度和广度，自2012年以来，将研究的区域扩大到了湘、桂、粤交界山区有代表性的瑶寨，通过多次亲身到当地参与他们的生活和集体活动，与当地居民广泛互动，获得了村民的信任与支持，建立了良好的研究合作关系。笔者同时通过长期对研究区域社会与经济交往活动、旅游活动的深度调查，基本厘清了研究区域的情景和概况，对于当地瑶族聚落的一些价值观和生活方式等深层次的文化因素有了更加深刻的了解。

参与观察法，适用于研究者在当时当地的社会文化背景下，对当地事件发生的时间、过程以及事件发展过程中人与事件的关系、模式进行研究，即发生了什么，什么时间发生的，在哪儿发生的，怎么发生的，为什么发生，涉及了哪些人或物，研究者可以从参与者的角度对特定情境下事件的发生起因做出判断。[②]通过田野调查法中的参与观察的形式，笔者更加容易深入理解南岭瑶寨当地的文化本质，这种方式也促进了跨文化的沟通，而多次进行沟通和接触让笔者以更接近瑶民的本土思维方式去审视当地乡村旅游的发展，以及当地瑶族聚落文化传承、保护和发展的问题。

通过田野调查法中的深度访谈的形式，笔者对南岭瑶寨地区乡村旅游的发展以及当地聚落文化保护现状有了更加深入和多角度的认知，也能更深入地探索瑶民对当地发展乡村旅游，以及对聚落文化保护发展这一研究问题内的真实看法，从而获得一些从参与观察中所无法获得的资料和信息。

---

① 费孝通.六上瑶山[M].北京：群言出版社，2015.
② 丹尼·L.乔金森.参与观察法关于人类研究的一种方法[M].张小山，龙筱红，译.重庆：重庆大学出版社，2015.

1.4.3 定量和定性分析法

定量与定性研究作为一种基本的研究范式，是进行科学研究的一个最为重要的步骤和方法。进行定量研究必须要以定性研究为前提，可以说定量研究是在定性研究基础上的进一步深化。定性研究重在研究事物或社会现象的内在规律，是从事物的本质属性和发生的变化出发的一种研究方法或角度。它强调由点及面，即从个案出发深入到复杂的社会事物环境中，在此过程中要发挥人的主观能动性，研究调查对象的行为及环境意义，探寻事物本质的特征，最终从个案中得出适用于大多数的普遍结论。

定量研究是指在对社会现象的系统化考察中要利用统计、数学、计算技术等方法，因而定量研究又被称为量化研究。在定量研究中，研究者一般通过问卷调查、统计文献资料或实验等方式去收集有关调查对象的数据资料，然后对这些数据资料进行统计分析以发现所研究的社会现象存在的状况和相应的因果关系。[①]

在对研究问题的文献梳理和实地调研收集资料的基础上，笔者定性分析了秀水村和红岩村案例点乡村旅游发展与瑶族聚落文化发展的历史延续状况、最新的信息资料，采用了归纳和演绎等方法，对当地发展乡村旅游过程中存在的问题，以及乡村旅游对瑶族聚落文化保护和发展的影响规律做出判断。

本研究通过实地调研获取了秀水村和红岩村在旅游发展中游客对南岭瑶寨聚落物质文化基因、聚落精神文化基因、聚落制度文化基因、聚落行为文化基因的调查数据，并运用 SPSS 软件对这些数据进行了相关性分析、回归分析等数理统计和分析，深入剖析这些数据，通过具体的实证对本研究进行分析验证。在此基础上，针对这些具体的情况提出相应的对策和措施。

---

① 荆玲玲. 社会研究方法 [M]. 哈尔滨：哈尔滨工程大学出版社，2016.

1.4.4 探索性多案例研究法

探索性多案例方法主要用于一些理论或者现有文献没有涉及的并且也无法解释的空白领域，通过研究多个案例，对不同的案例采取一样的分析逻辑来获取结果，以此提高理论研究的可靠性与说服力。[①]

探索性多案例研究方法在本书中的运用，主要是通过广西富川瑶族自治县秀水村、恭城瑶族自治县红岩村的案例，分析乡村旅游发展过程中南岭聚落文化基因组成中聚落物质文化基因、聚落精神文化基因、聚落制度文化基因、聚落行为文化基因的游客感知程度，从"游客期望"系统中探寻南岭瑶寨聚落文化保护发展的侧重点，便于有针对性提出南岭聚落文化基因保护和发展的对策。

1.5 研究思路及技术路线

1.5.1 研究思路

南岭山区交通条件差，自然资源丰富，瑶族村落文化保存完整度相对高，它通过开发乡村旅游促进了当地经济的发展，但是也给瑶寨聚落文化的保护和发展带来了威胁和挑战。本研究以南岭瑶寨聚落文化为研究对象，将综合运用文献研究法、田野调查法、定量和定性分析法、探索性多案例分析法等研究方法，基于文化发展理论的研究范式，将生物基因学的知识和理论应用到聚落文化的研究当中，梳理聚落文化基因，构建聚落文化基因图谱，凸显瑶寨聚落文化保护的意义；同时正视乡村旅游发展对瑶族聚落文化带来的负面影响，积极探寻乡村旅游与南岭瑶寨乡村旅游协同发展模式和路径，制定乡村旅游与南岭瑶寨聚落文化保护发展的保障制度。

---

① 黄纯. 产业集群风险传导与扩散及其治理机制研究 [M]. 杭州：浙江大学出版社，2016.

1.5.2 技术路线

南岭瑶寨聚落文化保护与发展研究技术路线如下图所示。

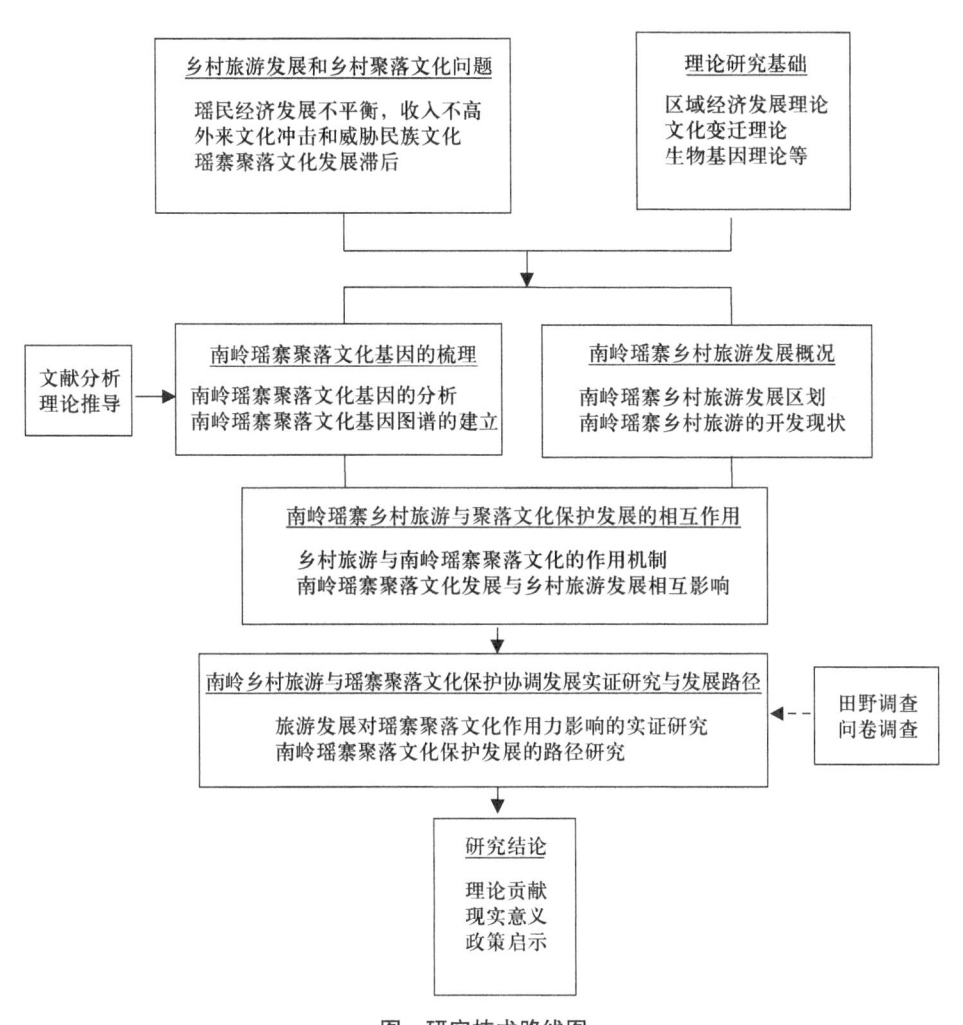

```
┌─────────────────────────────────┐   ┌─────────────────────┐
│ 乡村旅游发展和乡村聚落文化问题  │   │   理论研究基础      │
│ 瑶民经济发展不平衡，收入不高    │   │ 区域经济发展理论    │
│ 外来文化冲击和威胁民族文化      │   │ 文化变迁理论        │
│ 瑶寨聚落文化发展滞后            │   │ 生物基因理论等      │
└─────────────────────────────────┘   └─────────────────────┘
                    │                           │
                    └─────────────┬─────────────┘
                                  ▼
┌──────────┐   ┌─────────────────────────────┐   ┌─────────────────────────┐
│文献分析  │──▶│ 南岭瑶寨聚落文化基因的梳理  │   │ 南岭瑶寨乡村旅游发展概况│
│理论推导  │   │ 南岭瑶寨聚落文化基因的分析  │   │ 南岭瑶寨乡村旅游发展区划│
└──────────┘   │ 南岭瑶寨聚落文化基因图谱的建立│ │ 南岭瑶寨乡村旅游的开发现状│
               └─────────────────────────────┘   └─────────────────────────┘
                                  │
                                  ▼
          ┌───────────────────────────────────────────────┐
          │ 南岭瑶寨乡村旅游与聚落文化保护发展的相互作用  │
          │ 乡村旅游与南岭瑶寨聚落文化的作用机制          │
          │ 南岭瑶寨聚落文化发展与乡村旅游发展相互影响    │
          └───────────────────────────────────────────────┘
                                  │
                                  ▼
┌─────────────────────────────────────────────────────┐   ┌──────────┐
│ 南岭乡村旅游与瑶寨聚落文化保护协调发展实证研究与发展路径│◀──│ 田野调查 │
│ 旅游发展对瑶寨聚落文化作用力影响的实证研究           │   │ 问卷调查 │
│ 南岭瑶寨聚落文化保护发展的路径研究                   │   └──────────┘
└─────────────────────────────────────────────────────┘
                                  │
                                  ▼
                        ┌──────────────┐
                        │   研究结论   │
                        │   理论贡献   │
                        │   现实意义   │
                        │   政策启示   │
                        └──────────────┘
```

图　研究技术路线图

第 2 章 文献研究与相关理论基础

2.1 南岭瑶寨与乡村旅游相关研究

2.1.1 南岭瑶寨相关研究

1. 南岭瑶寨的概述

我国瑶族人口分散在全国各个地区，总体呈现出大杂居、小聚居的特点，而南岭山区则是我国瑶族的主要聚居区域。历史上，我国的瑶族是一个刀耕火种型的游耕民族。如今随着社会发展和人类生活的变迁，科学技术促使农民的耕作水平大大提高，刀耕火种型的耕作方式逐渐退出人们的生活，于是形成了无数个大小不一的瑶族村寨。瑶族村寨的演变大致经历了以下三个阶段：第一阶段是以刀耕火种为主要生产方式的时期，瑶族先民多为散居，村寨多呈现出规模小、迁徙性强的特征；第二阶段是以稻作农耕为主要生产方式的时期，瑶族人民开始定居下来，村寨呈现出多类型、小聚居的特征；第三阶段是现代经济规模化发展的时期，瑶族人民聚居在一起，呈现出城镇化、现代化特征[1]。南岭瑶族村寨自然资源丰富，民族特色鲜明，但是受交通、观念、文化、管理等多重因素的影响，南岭瑶族地区中除了生活在平地的瑶民外，大部分居住在山区的瑶民收入较低，经济发

---

[1] 冯智明. 南岭民族走廊传统村落的多维空间实践及其演化：以瑶族传统村落为例[J]. 西南民族大学学报（人文社科版），2018，39（10）：36-41.

展相对落后。[①] 南岭瑶族地区经济多以农业发展为主，工业基础相对薄弱，但随着现代旅游经济的不断发展，旅游业在南岭瑶族地区的发展中占据了越来越重要的地位。

2. 南岭瑶族村寨的研究概况

在梳理南岭瑶族村寨的相关研究过程中，因南岭瑶族地域性强，国际上关注较少，对此我们主要以具有一定代表性的瑶族村寨的国内历年研究为主要研究内容。本研究借助于文献统计分析工具CiteSpace展开相关研究。CiteSpace软件由美国教授陈超美博士的团队研发，是一种通过可视化的手段来呈现某一领域科学知识的构成、分布、发展动向及其规律的Java应用程序，本研究以中国知网所收录的中文文献为数据源。

（1）国内历年研究状况

在中国知网中分别以"瑶族村寨""瑶寨""瑶族聚落""瑶族村落"为检索词进行主题检索，设置时间区间为2000—2019年，得出近二十年来国内相关领域发文量，按年份分布如图2.1所示。从图中我们可看出，该领域发文量在2008年以前一直处于较平稳状态下，从2009年开始出现较明显上升趋势，在2014年出现了大幅度下滑，2017年又开始大幅度上升，之后持续处于上升趋势中。截至2019年12月，知网所收录的瑶族村寨相关领域研究文献量的峰值为2019年的58篇。由此可见我国瑶族村寨相关领域的研究的关注度在不断提高。[②]

[①] 邓敏. 南岭瑶族地区乡村旅游开发研究［J］. 广西农学报，2013，28（3）：81-84.

[②] 数据来源：中国知网，时间截至2019年12月31日。

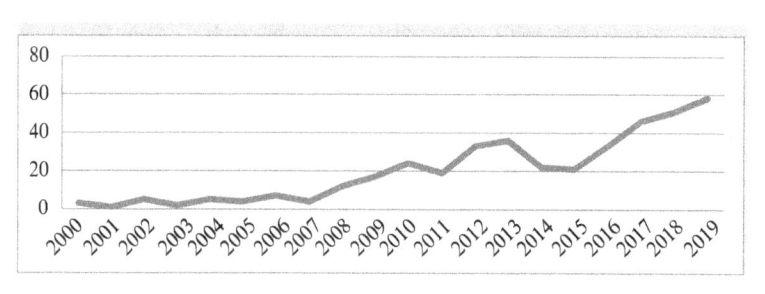

图 2.1 瑶族村寨相关研究 2000—2019 年发文量

(2) CiteSpace 可视化图谱分析

为探索国内瑶族村寨相关领域研究的整体发展历程，本文利用 CiteSpace 统计分析工具，以知网中瑶族村寨的相关文献共 403 篇作为研究的数据库。设置时间切片为 1，即以一年为时间单位进行数据统计分析。设置 Selection criteria 为 10%，意为选取每年中出现关键词频次最高的前 10% 作为本次研究对象。设置共现网络图谱阈值（Threshold）为 8，即选取出现频次在 8 次及其以上的关键词，在图谱中进行中文文献关键词网络分析，得出了由 430 个节点和 627 条链接组成的关键词共现图谱，并通过 LLR 算法对关键词进行了聚类分析，最终形成如图 2.2 所示。在图中关键词字体越大、越明显，则表示其出现的频次越高（由于关键词数量及分布等原因，一些节点文字难以同时清晰地显示），频次高的关键词往往被用来确定一个研究领域的重点。图中各个节点间的连线表示共现关系，节点间的连线越粗则表示该节点间关联度越大，连线的颜色则表示相应年限。从图 2.2 中我们可以看出，瑶族、少数民族、传统村落、连南瑶族自治县、可持续发展、乡村旅游、旅游开发等词都是该领域研究的热门关键词。当前的瑶族村寨研究主要集中在两个方面：一为瑶族文化的保护与传承，二为瑶族村寨的乡村旅游发展路径探究。研究区域主要集中在广西壮族自治区、贵州省、云南省等地。

图 2.2 瑶族村寨相关研究关键词聚类图

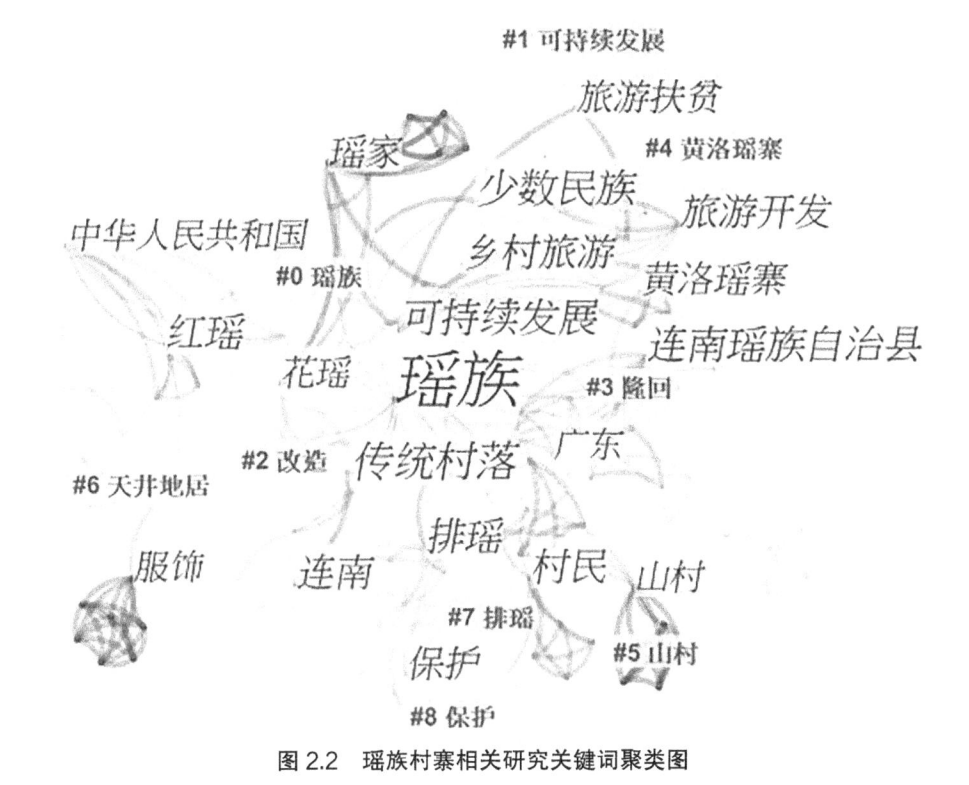

图 2.2 中带标号和数字关键词代表聚类，图谱共得出了 9 个较为明显的聚类，分别为瑶族、可持续发展、改造、隆回、黄洛瑶寨、山村、天井地居、排瑶、保护。聚类的模块值（Q 值）=0.7833>0.3，意味着划分出来的社团结构是显著的，平均轮廓值（silhouette）=0.4693，接近于 0.5，说明该聚类是相对较为合理的。该 9 个聚类标题词分别代表着各自研究范畴内的重要方向。

关键词是对文献所研究内容的高度概括。利用 CiteSpace 工具进行统计分析可得出关键词所出现的频率，以及最早出现的年份，如表 2.1 所示。从表 2.1 中我们可以看到出现频次大于 5 的关键词共有 14 个，按频次由高到低依次为瑶族、传统村落、少数民族、黄洛瑶寨、勾蓝瑶寨、连南瑶族自治县、保护、旅游扶贫、乡村旅游、传统民居、可持续发展、红瑶、旅游开发、勾蓝瑶寨，这些词所代表的范畴是该领域研究的重点所在。在频次大于 5 的关键词中，旅游相关的重点关键词有旅游扶贫、旅游开发、乡村旅游等，可看出旅游的相关研究是瑶族村寨领域研究的重要研究方向之一。

表2.1 瑶族村寨相关研究领域核心关键词词频

数量	年	关键词	数量	年	关键词	数量	年	关键词
58	2000	瑶族	7	2006	传统民居	5	2018	瑶族文化
19	2013	传统村落	6	2003	可持续发展	5	2013	龙脊梯田
11	2002	少数民族	6	2008	红瑶	5	2005	花瑶
11	2011	黄洛瑶寨	6	2004	旅游开发	4	2004	排瑶
9	2009	勾蓝瑶寨	6	2017	勾蓝瑶寨	4	2008	变迁
7	2009	连南瑶族自治县	5	2003	连南	4	2005	发展
7	2012	保护	5	2003	龙胜各族自治县	4	2012	文化变迁
7	2003	旅游扶贫	5	2006	村民	4	2018	乡村振兴
7	2013	乡村旅游						

利用CiteSpace工具中的Timeline View功能便于看出相关研究主题研究基础的时间跨度，可得出如图2.3所示的时间线视图。从中我们可以看出瑶族村寨相关研究领域研究热点的迁徙状况，以及每个聚类中各关键词所出现的时间区域。早期云南省、广西壮族自治区是少数民族研究的热点，旅游开发对于民族地区经济、文化、社会作用影响明显。从时间轴上可见，对于瑶族村寨的研究主要以乡村旅游发展为背景，其重点关注瑶族村寨的文化资源等方面，研究范围主要集中在南岭民族走廊之内，对南岭瑶族文化的保护和传承受到越来越多学者的关注。

在国内探寻瑶族聚落文化的相关研究中，陶长江等人以广西瑶族盘王为例，从文化生态视角下，探索了非物质文化遗产保护性旅游开发模式，即政府主导、居民参与、商业运作和学界指导，并认为该模式的关键在于旅游开发与非物质文化遗产的文化生存空间隔离。[①] 以八峒瑶族跳鼓坛为例，蒋海军

---

① 陶长江，吴屹，王颖梅.文化生态视角下的非物质文化遗产保护性旅游开发研究：以广西瑶族盘王大歌为例[J].广西民族研究，2013（4）：155–163.

第 2 章 文献研究与相关理论基础

认为非物质文化遗产的保护性旅游开发路径应当重视民族文化教育，加强民族文化品牌打造，促进文旅融合发展。[①] 玉时阶以越南瑶族村寨为例，认为在民族地区发展旅游业是一把双刃剑，促进民族文化与民族地区乡村旅游业的共同可持续发展仍是民族地区旅游业开发亟待解决的重大问题。[②] 学界对于瑶族村寨乡村旅游的文化开发路径探索较多，也有不少学者提及了在发展过程中保证文化完整性、原真性的重要性。因此，对于乡村旅游与瑶寨聚落文化保护和发展的保障机制的探索，是深化现有的南岭乡村旅游和瑶寨聚落文化的保护与发展研究的重要途径。

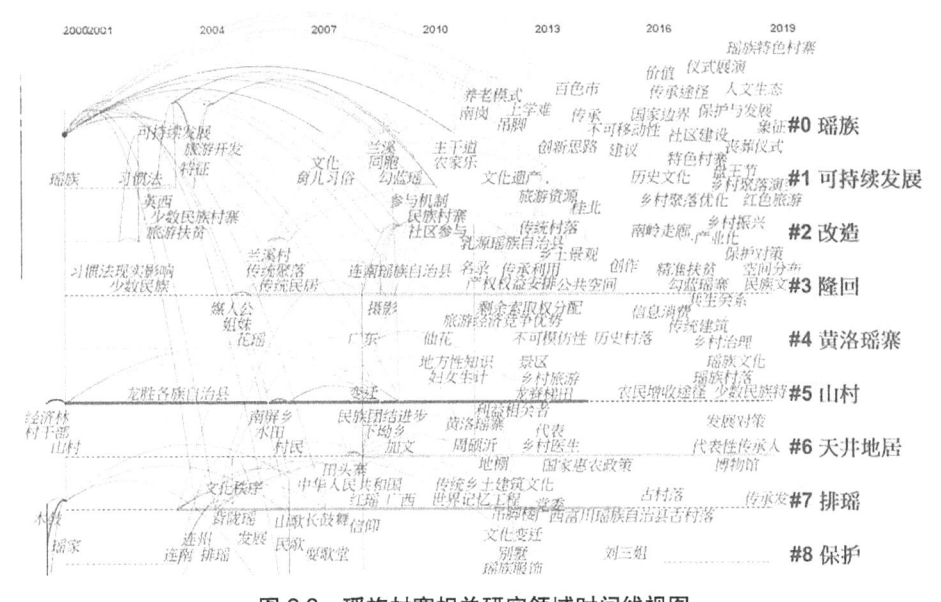

图 2.3　瑶族村寨相关研究领域时间线视图

---

① 蒋海军. 武陵山片区非物质文化遗产保护性旅游开发探讨：以湖南新宁八峒瑶族"跳鼓坛"为例[J]. 文化遗产，2015（5）：25-31.
② 玉时阶. 越南瑶族地区的旅游开发与文化变迁：以越南老街省沙巴县大坪乡为例[J]. 广西民族研究，2013（3）：103-109.

3. 南岭瑶族村寨研究述评

当前对瑶族村寨的应用研究中，文化的传承与发展、文化的变迁、文化的保护路径等方面的研究较多，研究的最主要问题即为文化的保护和开发。目前，乡村旅游是学界提及较多的村寨文化保护和开发的方式之一。瑶族作为一个古老的民族，拥有许多独特的民族文化，瑶民聚居的村寨中，其文化特色更加鲜明。瑶族村寨作为瑶族文化的载体，其风貌、意象等均与现代都市文化截然不同，大量都市生活的人开始对其向往，前往观光游览进而形成了乡村旅游业。在乡村旅游的发展过程中，其主要吸引力瑶族文化的保护和开发则显得至关重要。文化传承的关键在于其当下的"有用性"，[①] 只有被需要的文化才能得到很好的传承与发展。而乡村旅游业的发展使得这些有别于都市现代文化的民族文化都有了存在的意义。作为乡村旅游发展的主要资源，许多民族传统文化得到了很好的传承与保护。综上所述，保护瑶寨聚落文化的完整性和原真性是乡村旅游发展的核心吸引力，而瑶族村寨也可以通过开发乡村旅游，探寻瑶族村寨聚落文化的保护与传承的方法。

2.1.2　乡村旅游相关研究

国外乡村旅游发展领先于国内，并取得了一些成功的经验。在众多文献之中，国外学者基本上就乡村旅游"rural tourism"的特性"rurality"这一点上达成共识。rurality 在《英汉大词典》中详细的解释为乡村（田舍）风情、乡村特色，田园生活。乡村旅游是一种建立在乡村之上、空间较大但经营规模小、具备可持续发展的旅游类型。随着社区概念的深入发展，国外对乡村旅游的研究聚焦于以乡村社区为单位开展的一系列乡村社区旅游经济发展及其影响的研究。主要研究内容集中在以下方面。

---

① 郭山. 旅游开发对民族传统文化的本质性影响 [J]. 旅游学刊，2007，22（4）：30-35.

第 2 章 文献研究与相关理论基础

1. 乡村旅游的概述

乡村旅游（rural tourism）的概念在 1994 年被欧盟（EU）和经济合作与发展组织（OECD）提出，他们认为乡村旅游就是发生地点在乡村的旅游活动，它的营销核心和最大卖点集中体现在乡村性（rurality）上。[①]

乡村旅游，即以农业生态环境、农业文化景观、农事活动以及农村传统风俗与民族节庆为乡村旅游吸引物，将观光、度假、休闲、娱乐、研学等融于一体的旅游活动。[②]王兵认为乡村旅游是"以乡村自然资源与人文资源、乡村生产生活的方式与景象，以及当地非物质文化遗产为资源，集观光、度假、教育、娱乐、购物、考察于一体的旅游活动，体现人类回归自然，并与之和谐共存的人文环境以及人类活动的追求"。[③]

乡村旅游的概念界定和核心内涵因每个国家对乡村的不同解释而有所区别。以英国为例，学者何景明把乡村旅游的概念归纳为乡村旅游的活动是乡村的，即活动以小规模企业经营为主，且与乡村自然环境密切关联，空间宽阔，具有独特的民族文化与习俗；乡村旅游的规模是乡村的，即就村落中的古建筑或是居民居住地来说，其规模都是比较小的；另外，乡村中的社会结构和民俗文化几乎变动很小，发展较慢，因而其传统特征也较为明显，但其民俗活动受居民影响较大，可以说当地对乡村旅游的发展具有一定的控制与制约作用；在乡村旅游的类型方面，还受乡村自然、人文历史、乡村经济与地理位置不同的影响，从而形成不同类型。[④]

本研究探讨的乡村旅游可以说是一种乡村文化旅游，是以开发乡村资源、挖掘乡村特色历史文化与民族文化内涵，形成独具乡村特色的旅游文化产品

---

① 王小磊，张兆胤，王征兵.试论乡村旅游与农业旅游[J].经济问题探索，2007（2）：155-158.
② 何景明，李立华.关于"乡村旅游"概念的探讨[J].西南师范大学学报（人文社会科学版），2002，05：125-128.
③ 王兵.从中外乡村旅游的现状对比看我国乡村旅游的未来[J].旅游学刊，1999（2）：38-42，79.
④ 何景明.国外乡村旅游研究述评[J].旅游学刊，2003（1）：76-80.

为核心旅游吸引物的旅游类型。

2. 乡村旅游发展历程

在欧洲，乡村旅游在各地得到迅速推广是在19世纪中期，当时的欧洲普遍认为发展乡村旅游可以减缓农业衰退，进而增加农民收入，是发展农村经济的有效手段。我国的乡村旅游作为一种新兴的，内容丰富、形式多样的旅游形式，兴起于20世纪80年代末，其发展前景广阔、意义重大。

早在19世纪，悠闲、安宁、亲近自然的乡村旅游深受都市人的青睐。如英国、法国等西方发达国家出现了早期的乡村旅游活动，托马斯·库克在1863年组织了第一个包价旅游团是到瑞士的乡村。美国、加拿大等国家的乡村旅游步入快速成长阶段是在20世纪70年代后。[1] 西班牙学者Rosa Marya Yangue Perales将乡村旅游分为传统乡村旅游（homecoming or traditional rural tourism）和现代乡村旅游（modern rural tourism）两种。[2] 传统的乡村旅游主要指工业革命后，一些从农村到城市生活的人返回农村探亲或度假的旅游。现代旅游就主要指的是20世纪80年代以后在农村出现的旅游者，游览当地自然景观或文化资源达到欣赏、愉悦和放松目的的旅游活动。

我国开始发展真正意义上的乡村旅游是在20世纪90年代前后，特别是在我国贫困地区或经济发展比较落后的农村，他们将乡村旅游作为增加自身收入与发展当地经济的重要手段之一。同时，历史文化保护意识的增强为发展乡村旅游提供了思想支持，政府出台的文化保护相关政策也为乡村旅游营造了有利的环境，提供了政策支撑。乡村旅游的发展，从一定程度上促进了新农村建设的发展，改善了人民的生活质量，有着比较重要的现实意义和政策意义。

国内乡村旅游的发展起步与国外研究对比相对较晚。国内乡村旅游多年来得

---

[1] 戴斌，周晓歌，梁壮平. 中国与国外乡村旅游发展模式比较研究 [J]. 江西科技师范学院学报，2006（1）：16-23.

[2] 转引自：文军，唐代剑. 乡村旅游开发研究 [D]. 长沙：中南林学院，2003.

到了蓬勃发展，究其发展动力，主要源于供需双方的需求。[①]杨旭通过探讨了乡村旅游资源的优势，提出了我国开发乡村旅游势在必行。[②]1998年中国旅游业发展的主题为"华夏城乡游"，随后有更多的学者投入我国乡村旅游发展的研究当中。潘秋玲提出，我国乡村旅游主要是围绕乡土文化为主题的需求趋势来开发出一系列的乡村旅游[③]；刘振卿提出要重视乡村旅游景观的保护[④]；谢彦君提出，乡土性是乡村旅游开发的关键，要重视以旅游城市为乡村旅游客源市场的开发[⑤]。进入21世纪后，国内对于乡村旅游理论研究与实证研究越来越多。刘德谦对乡村旅游、农业旅游、民俗旅游进行概念的辨析，突出乡村旅游的核心在于风土、风物、风俗、风景等乡村风情的组成，提出了乡村旅游成长的四种模式[⑥]。

3. 乡村旅游的相关研究

(1) 国内外历年研究状况

在中国知网中以"乡村旅游开发"为检索词进行主题检索，得出2000—2019年乡村旅游开发相关领域发文量如图2.4所示。在图中我们可以看出该领域的研究随着时间的变化有升有降，但从整体上来说呈现一个上升的趋势。其中2006年、2007年和2016年呈现出较大幅度的上升趋势，在2013年和2019年则出现较小幅度下滑。2018年是历年以来相关领域研究发文量最多的一年，为595篇。由此可见，近二十年来乡村旅游开发相关领域的研究相对来说较为热门，且其关注度在总体趋势上不断提高。[⑦]

[①] 尤海涛，马波，陈磊.乡村旅游的本质回归：乡村性的认知与保护[J].中国人口·资源与环境，2012（9）：158-162.

[②] 杨旭.开发"乡村旅游"势在必行[J].旅游学刊，1992（2）：38-41+61.

[③] 潘秋玲.现阶段我国乡村旅游产品的供需特征及开发[J].地域研究与开发，1999（2）：3-5.

[④] 刘振卿.浅析乡村旅游景观[J].北京第二外国语学院学报，1999（2）：3-5.

[⑤] 谢彦君.以旅游城市作为客源市场的乡村旅游开发[J].财经问题研究，1999（10）：3-5.

[⑥] 刘德谦.关于乡村旅游、农业旅游与民俗旅游的几点辨析[J].旅游学刊，2006（3）：12-19.

[⑦] 数据来源：中国知网，时间截至2019年12月31日。

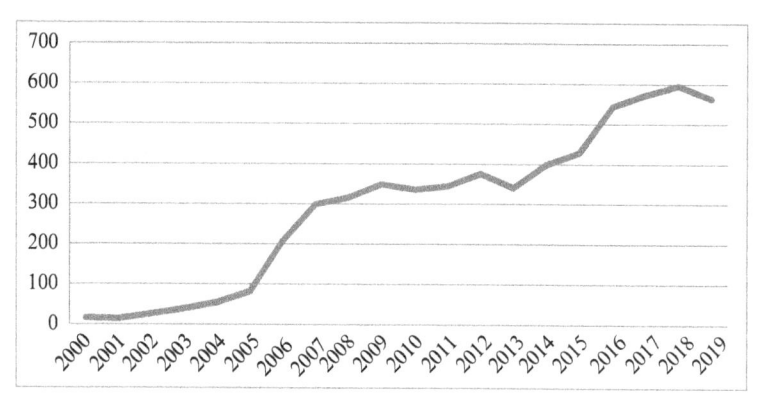

图 2.4　乡村旅游开发相关研究领域 2000—2019 年发文量

在 Web of Science 中以"rural tourism"为关键词，设置检索时间区间为 2000—2019 年，设置数据库为所有数据库进行主题检索，得到国际上相关领域研究文献共 4231 篇，发文量按年份分布如图 2.5 所示。在图中我们可以看出，国际上乡村旅游相关领域的发文量整体呈上升趋势。其中 2012 年、2013 年出现过较为明显的下降趋势，从 2014 年开始又呈现出较大幅度的增长。Web of Science 中每年所收录相关领域研究文献量的最大值为 2019 年的 467 篇。由此可知，乡村旅游无论是在国内还是国际上，都拥有较大的关注度并且在不断提高。①

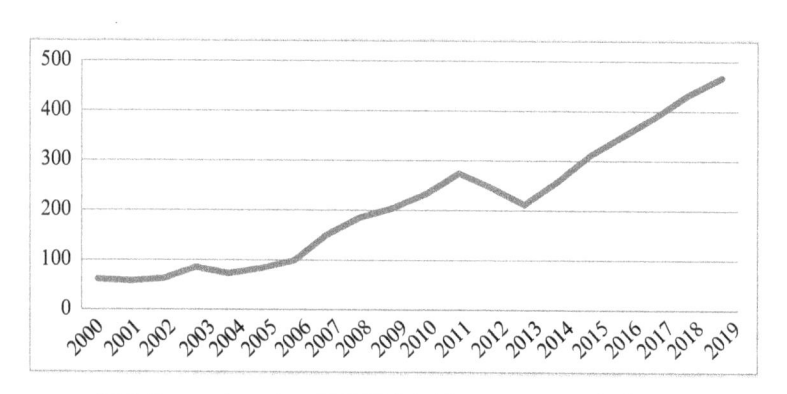

图 2.5　rural tourism 相关研究领域 2000—2019 年发文量

---

① 数据来源：Web of Science，时间截至 2019 年 12 月 31 日。

(2) CiteSpace 可视化图谱分析

利用 CiteSpace 统计分析工具，以知网中乡村旅游开发的相关文献共 5904 篇作为研究的数据库，设置时间切片为 1、selection critera 为 10%、共现网络图谱显示的阈值（threshold）为 50，得出由 851 个节点和 3843 条链接组成的关键词共现图谱，并通过 LLR 算法对关键词进行了聚类分析，如图 2.6 所示。从图中可看出，可持续发展、新农村建设、旅游开发、社区参与、生态旅游、乡村、乡村旅游开发、旅游资源、SWOT 分析、开发、旅游扶贫、乡村生态旅游等都是该领域研究的热门关键词，是该领域研究的重点所在。乡村旅游开发的研究主要集中在开发模式上，提及较多的关键词主要有生态旅游开发、社区参与、新农村建设等，而对于研究南岭瑶寨来说，同样也是适用的。

图 2.6 中带标号的关键词代表聚类，图谱共得出了 8 个较为明显的聚类，分别为乡村旅游开发、乡村旅游、旅游开发、乡村旅游地、对策、发展模式、可持续发展及转型升级。聚类的模块值（Q 值）=0.3345>0.3，意味着所划分出来的社团结构是显著的，平均轮廓值（silhouette）=0.4548，接近于 0.5，说明该聚类是较为合理的。该 8 个聚类标题词分别代表着各自研究范畴内具有代表性的重要研究方向。

从 CiteSpace 中将关键词数据导出，乡村旅游开发相关研究领域核心关键词词频如表 2.2 所示。由表可知，频次在 49 及以上的关键词总共有 36 个，按频次高低依次排列为乡村旅游、旅游开发、乡村旅游开发、可持续发展、对策、开发、新农村建设、开发模式、社区参与、旅游、旅游扶贫、发展模式、乡村、生态旅游、发展、乡村振兴、SWOT 分析、旅游资源、问题、精准扶贫、利益相关者、乡村生态旅游、传统村落、全域旅游、模式、乡村旅游发展、美丽乡村、旅游业、策略、发展对策、农家乐、旅游产品、乡村景观、土地流转、保护、影响因素。这些关键词所代表的内容，均是乡村旅游开发相关研究领域的重要研究方向。从这些关键词中可发现，当前对于乡村旅游开发的研究主要集中在对于其旅游发展模式的探讨。学者往往通过对其物质

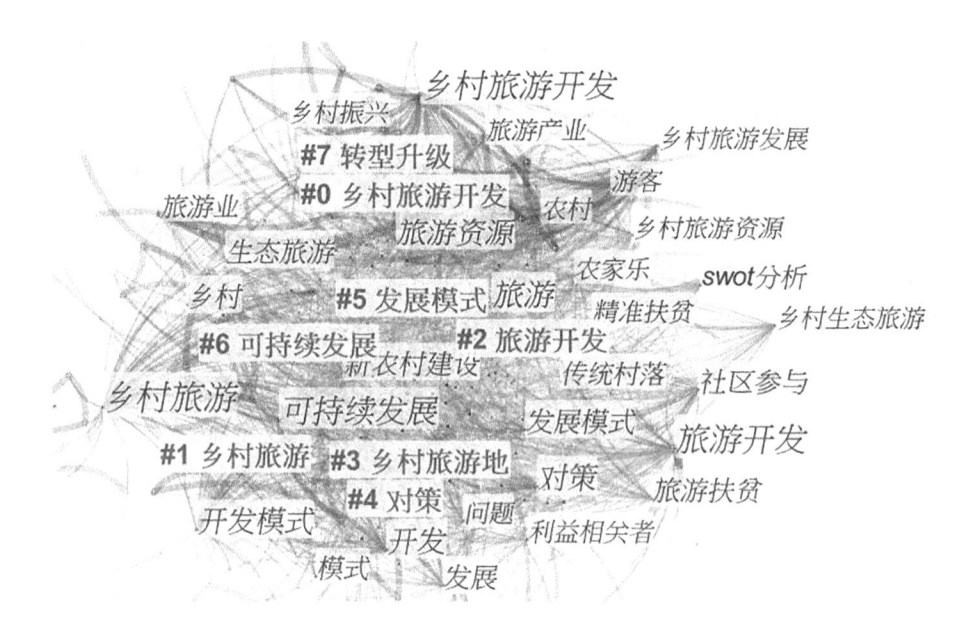

图 2.6　乡村旅游开发相关研究领域关键词共现图

文化旅游资源和非物质文化旅游资源的合理开发模式的探索，来寻找其旅游的可持续发展路径。

表 2.2　乡村旅游开发相关研究领域核心关键词词频

数量	年	关键词	数量	年	关键词	数量	年	关键词
2888	2000	乡村旅游	109	2002	乡村	67	2007	模式
413	2001	旅游开发	109	2001	生态旅游	63	2002	乡村旅游发展
286	2000	乡村旅游开发	108	2003	发展	58	2013	美丽乡村
254	2000	可持续发展	96	2018	乡村振兴	55	2002	旅游业
221	2002	对策	96	2006	SWOT 分析	54	2008	策略
201	2000	开发	94	2004	旅游资源	54	2002	发展对策
158	2006	新农村建设	94	2004	问题	53	2002	农家乐
154	2001	开发模式	84	2016	精准扶贫	52	2006	旅游产品
154	2004	社区参与	81	2007	利益相关者	51	2000	乡村景观
145	2000	旅游	78	2005	乡村生态旅游	50	2009	土地流转
111	2001	旅游扶贫	73	2009	传统村落	49	2004	保护
109	2005	发展模式	68	2016	全域旅游	49	2008	影响因素

利用 CiteSpace 工具中的 Timeline View 功能，可得出如图 2.7 所示的时间线视图。我们从中可以看出，在乡村旅游开发相关研究领域研究热点的迁徙状况以及每个关键词所出现的时间区域。在乡村旅游开发的研究中，对于其发展策略或发展模式的探讨是亘古不变的议题。早期的研究主要集中在旅游资源、旅游产品、生态旅游模式以及参与主体的作用等方面。近几年的研究热点逐渐发生了转变，关于文化的保护与变迁、生态文明、乡村振兴等热点，学者们越来越注重在乡村旅游开发过程中，文化所带来的价值及其保护与传承的路径。

图 2.7 乡村旅游开发相关研究领域时间线视图

4. 乡村旅游的影响

近几年，国外学者均在不同研究区域和范围验证了乡村旅游的发展能提高社区居民的收入，促进文化交流、文化变革和社会沟通等积极影响，但是也发现诸如乡村文化和传统文化的特殊性难以保留下去等问题。Fun 等人认为旅游业被公认为是农村目的地社会经济发展和扶贫的主要增长动力。然而，旅游业对这些乡村目的地有负面影响。[1]Bǎlan等人肯定了旅游业在国民经济中的作用，乡村旅游和旅游市场的建立对乡村可持续发展、环境保护方面、发展创业等方面提供了一个机会。文章以罗马尼亚最高的村庄丰达塔村为例，提出了其乡村旅游发展对策。[2]Barkauskas等人研究经济、社会文化、自然生态、政治法律和技术因素，这五个宏观环境因素对立陶宛乡村旅游发展的影响。[3]Rajaratnam等人以马来西亚309位游客有效问卷的数据为例，探讨了乡村旅游目的地的服务质量对游客的影响，特别是在满意度上的影响，以及根据笔者以往的经验对这种人地关系的调节作用。[4]Hanafiah等人以马来西亚兰卡威社区为案例探讨了负责旅游实践（RTP）促进自然环境、当地文化的保护，有助于提供更好的社区生活质量。[5]

国内学者近十年来对民族地区乡村旅游开发、发展中存在的问题和对策的研究成果相对较多，对民族地区乡村旅游研究区域涵盖也较广。学者卢世菊认为少数民族地区乡村旅游发展在社会、经济、文化方面凸显效益，乡村旅游这个媒介可以对民族传统文化起到保护和传承作用，有助于构建

---

[1] Fun F S, Chiun L M, Songan P, et al. The Impact of Local Communities'Involvement and Relationship Quality on Sustainable Rural Tourism in Rural Area, Sarawak.The Moderating Impact of Self-efficacy［J］.Procedia-Social and Behavioral Sciences，2014（8）：60-65.

[2] Bǎlan M, Burghelea C.Rural Tourism and its Implication in the Development of the FundataVillage.［J］. Procedia-Social and Behavioral Sciences，2015（3），Pages 276-281.

[3] Barkauskas V, Barkauskienė K, Jasinskas E.Analysis of Macro Environmental Factors Influencing the Development of Rural Tourism：Lithuanian Case［J］.Procedia-Social and Behavioral Sciences，2015（12）：167-172.

[4] Rajaratnam S D, Uma TheviMunikrishnan, Saeed Pahlevan Sharif, VikneswaranNair.Service Quality and Previous Experience as a Moderator in Determining Tourists'Satisfaction with Rural Tourism Destinations in Malaysia：A Partial Least Squares Approach［J］.Procedia-Social and Behavioral Sciences，August 2014（8）：203-211.

[5] Hanafiah M H, Azman In, Jamaluddin M, et al. Responsible Tourism Practices and Quality of Life： Perspective of Langkawi Island communities［J］.Procedia-Social and Behavioral Sciences，2016（6）：406-413.

和谐社会。[①] 紧接其后,有具体民族地区的乡村陆续对乡村旅游展开了针对性的探讨。何伟和邓敏分别就民族地区乡村旅游撰写文章,并就四川和广西的乡村旅游发展案例展开讨论,研究民族地区乡村旅游的发展模式。[②③] 随后,学者们对民族地区乡村旅游的研究范围开始扩大,特别是在地域上,不仅仅局限于广西和四川,涵盖了五大民族自治区,结合地方民族特色,对当地民族地区乡村旅游发展中存在的问题和解决问题的对策进行了分析。李先锋等以宁夏古城为例,对乡村旅游发展下古城村社区居民的思想和行为、社会生活、文化等所带来的社会影响进行数理分析,发现古城村社区居民总体上对乡村旅游的正面影响感知较强,对旅游的负面影响感知较弱。[④] 郑文俊以广西壮族自治区柳州市为例,探讨了西南民族地区乡村旅游发展模式。[⑤] 李浩淼以凉山彝族自治州大箐乡白庙村为例探讨了民族地区乡村旅游发展的核心是其拥有的优势资源,以及当时民族地区乡村旅游发展中存在的问题及未来发展的对策。[⑥] 吕惠明指出民族地区因其经济发展较为落后、对政策环境需求大、旅游内需欠缺、外出旅游成本高等因素,从而在一定程度上阻碍了乡村旅游的发展,对此提出产业链本地化、经营者共生的民族地区乡村旅游开发创新模式,以及构建健全政府管理机制、强化服务规范提高旅游产品文化含量的保障平台。[⑦] 肖鸿燚从新疆、内蒙古等地乡村旅游发展中存在的问题出发,从多元筹集乡村旅游发展资金、加快民

[①] 卢世菊.少数民族地区乡村旅游发展与和谐社会构建研究[J].贵州民族研究,2006(2):108-113.

[②] 何伟.少数民族地区乡村旅游发展模式探讨[D].成都:四川大学,2007.

[③] 邓敏.民族地区乡村旅游发展研究[D].南宁:广西师范大学,2007.

[④] 李先锋,张红梅,何健.民族地区乡村旅游社会影响的实证调查与分析:以宁夏古城村为例[J].特区经济,2008(11):160-161.

[⑤] 郑文俊.西南民族地区乡村旅游发展模式探析:以广西壮族自治区柳州市为例[J].农村经济与科技,2013(3):110-112,85.

[⑥] 李浩淼.拥有优势资源的民族地区乡村旅游发展问题及对策研究:以凉山彝族自治州大箐乡白庙村为例[J].西昌学院学报(自然科学版),2013(4):71-73,82.

[⑦] 吕惠明.试论民族地区乡村旅游开发创新模式[J].农业经济,2010(2):91-92.

族乡村旅游的人才队伍建设，加大软硬件旅游基础设施建设力度等方面探讨了北方民族地区乡村旅游发展对策。[①] 刘化雨以贵州民族贫困地区为调研对象，探讨当地乡村旅游存在的问题与对策。[②] 王兴贵以四川民族乡丹巴县为案例，重点探讨了乡村旅游开发治理组织体系，该体系的领头人为丹巴县政府，具体运作由乡村旅游经营企业进行，并以乡村旅游行业协会作为协调与补充，并提出相应的乡村旅游开发治理对策。[③] 刘爽也提出了西部民族地区加快发展乡村旅游的对策。[④]

5. 乡村旅游研究述评

综上所述，乡村旅游的研究范围日益广泛，研究成果愈加丰富。随着研究视角的拓展，交叉学科的应用日益增多，需要抓住核心要素促进乡村旅游的可持续发展。乡村旅游发展的核心在于乡村旅游吸引物吸引力的维持与创造。在乡村旅游目的地发展中，乡村文化的保护与传承是维持乡土、乡情、乡味的途径之一，也是在瞬息万变的时代中求不变的研究内容。民族村寨有别于现代都市的异文化是乡村旅游借以发展的契机，也是乡村旅游发展的主要旅游资源。深度挖掘村寨民族传统文化，形成村寨独特的文化旅游资源，让村民在旅游业的发展中受益，进而提高其对本民族文化的认识和理解，增强其学习和传承本民族文化的积极性，使得民族文化在乡村旅游业的发展中得到了不断的传承。民族文化的传承与发展赋予了乡村旅游文化的活力，也形成了乡村旅游可持续发展的动力。

---

① 肖鸿燚.北方民族地区乡村旅游发展初探[J].黑龙江民族丛刊，2015（1）：42-46.
② 刘化雨.贵州民族贫困地区乡村旅游存在的问题与对策研究[J].产业与科技论坛，2016（12）：26-28.
③ 王兴贵.四川民族地区乡村旅游开发与治理研究：以丹巴县为例[J].四川林勘设计，2016，03：14-19，32.
④ 刘爽.论西部民族地区加快发展乡村旅游的对策[J].山西农经，2016（1）：126-127.

2.2 聚落与聚落文化

2.2.1 聚落的理解

聚落翻译成英文为"settlement"。它的基本含义是指人或事物长期位于一个固定的位置。就人类而言，是一种定居或在某地成家的状态，这是《牛津英语词典》中的解释，据此可以引申为定居在固定某地点的人类群体。[①] "聚落"一词，起源颇早，《史记·五帝本纪》有"一年二所居成聚，二年成邑，三年成都"。其注释称："聚，谓村落也。"《汉书·沟洫志》："或久无害，稍筑室宅，遂成聚落。"因而，狭义理解聚落指的是有别于都邑的农村居民点。[②]

从我国历史来看，农耕文明在我国历史上占据主导地位。尤其在我国传统的农耕聚落中，他们的生产生活以农耕为主，主要产业是农业，商业与手工业并不普及，只是存在于个别的聚落，这种现象的存在是受我国传统的自给自足的小农经济影响，同时也与重农轻商思想的根深蒂固有关。本研究中的村落指的是乡土聚落。这一概念从我国乡土建筑与聚落研究传统而来，将聚落整体作为研究对象，强调乡土建筑的群体性与整体性特征。[③] 因此，本研究中探讨的聚落即为村落。

何谓村落？《辞海》给出的注解为"村庄"，《三国志·魏书卷十六》中的"入魏郡界，村落齐整如一。"[④] 村落是由定居在一定地域内的一群家庭组成的群体。[⑤] 村落是"中国乡土社会的单位"。[⑥] 村落是由古代先民在农耕文明进程

---

① 赵晓梅. 中国活态乡土聚落的空间文化表达：以黔东南地区侗寨为例 [M]. 南京：东南大学出版社，2014.
② 金其铭. 农村聚落地理 [M]. 北京：科学出版社，1988.
③ 同①.
④ 夏征农. 辞海 1999 年缩印版本 [M]. 上海：上海辞书出版社，2006.
⑤ 卢荣轩，童辉波. 试论村落文化的基本特征及历史性变革 [J]. 社会主义研究，1993（1）：58-61.
⑥ 费孝通. 乡土中国·生育制度 [M]. 北京：北京大学出版社，1998.

中，在族群部落的基础模式上，进而因"聚族而居"的生产生活需求而建造的、具有相当规模、相对稳定的基本社会单元。[1]

2.2.2 聚落文化的理解

1. 聚落文化的相关概念

"文化"是个舶来词，源自拉丁文"cultura"。这个词一开始具有"耕作""栽培""养育"的意思，后引申为培养一个人的兴趣、精神和职能。文化定义很多，美国人类学家A·克鲁伯和K·克拉克合著《文化——关于概念和定义的评论》罗列了1871—1951年80年间较为严格的定义就有161种，到20世纪70年代，法国学者A·莫尔继续统计，文化概念已达250多种。随着时代的进步、文化的变迁，我们今天讨论的文化较认可的是英国人类学家泰勒在1871年《原始文化》一书中的表述："文化是作为社会成员的人所习得的包括知识、信仰、艺术、道德、法律、习俗以及任何其他能力和习惯的复合体"。村落文化是一种文化现象，多发生在村落范围内，国内研究学者给出了相关的定义（见表2.3）。

表2.3 国内学者对村落文化概念的界定

作者	定义
陈世娟（1993）	村落文化是一种以村落为单元的文化，同一个村落的文化性质相同，不同的村落文化有不同的特征，即使是邻近村落，其文化性质也会有所差异，相近但不完全相同。总体来说，村落文化依托村落而存在，是存在于村落中的农民生活文化。[2]
卢荣轩、童辉波（1993）	村落文化有广义与狭义之分，广义的是指基于村落之上的由农民在生活中形成的物质与精神文化之和；狭义的村落文化单指精神文化。[3]
姚蓓琴（2000）	村落文化是指特定地域的农民在长期的生产生活中自发形成的一种高认同感的文化意识，是农民生产生活、风俗习惯、信仰及价值观等现象的总和。[4]

---

[1] 胡彬彬，吴灿.中国村落文化研究现状及发展趋势［J］.科学社会主义，2014（6）：99-104.
[2] 陈世娟.论村落文化的基本特征［J］.湖北师范学院学报（哲学社会科学版），1993（2）：8-13.
[3] 卢荣轩，童辉波.试论村落文化的基本特征及历史性变革［J］.社会主义研究，1993（1）：58-61.
[4] 姚蓓琴.村落文化和农村两个文明建设［J］.社会科学，2000（4）：58-61.

第 2 章 文献研究与相关理论基础

续表

作者	定义
施臻（2002）	村落文化以村落为基本单元，在同一个村落中人们过着相同的生活，有着同样的生产方式，并且在价值观、思想理念与行动上都保持高度一致，长此以往也就形成了一套人们普遍接受的思想意识、行为准则与规范模式。村落文化是一个内涵表达深厚、外延广泛的文化系统。包括物质文化、宗教文化、文学艺术、生产工艺等各个文化层面。①
李银河（2003）	所谓村落文化是指局部范围内由一群人通过信息共享拥有的文化。相对于都市文化，村落文化是村落中人们普遍认可的规范制度与价值体系。②
曹卉、汪火根（2004）	将特定区域内，世世代代的农民在长期生活中逐步形成的他们高度认可的集生活方式、风俗习惯、信仰与禁忌等文化现象于一体的行为规范称之为村落文化。③
秦树理（2005）	村落文化是指村落中的家族关系以及在此过程中产生的观念、信仰和体制。具体包括信仰、制度、家庭、习俗、节日等文化。④
刘瑞娟（2007）	村落文化是指以自然村落的血缘关系和家庭关系为繁衍基因而产生的能够反映村落群体人文意识的一种社会文化。是农民思想意识、行为方式、生活习惯等的总和。⑤
叶芳（2007）	生活在村落这一区域共同体中的农民往往会创造并形成一种由特殊的语言、信仰、秩序、价值观念、风俗习惯及民间种种不成文的规范聚合而成村落文化，并深刻影响着村民的价值判断、行为模式。⑥
葛勇军（2009）	村落文化包含历史与现实两个层面，从历史层面来说，它指的是村落中的村规民约等制度的文化精神；从现实层面来说，它指的是村落中道路、房屋、民俗、活动、产业等构成的独特的文化景观。当然，我们日常生活中所谈到的村落文化同样具有丰富的内涵，包括物质、精神、制度等文化。⑦
胡彬彬、吴灿（2014）	村落文化研究至少包括以下七个方面的内容：建筑营造与堪舆规划；生产生活与经济模式；文化教育与道德教化；宗法礼制与村落治理；民族民俗与宗教信仰；民间艺术与手工技能；生存空间与资源环境。⑧

① 施臻.抓好村落文化使之成为经济发展的推进器[J].农村·农业·农民，2002（6）：36.
② 李银河.生育与村落文化·一爷之孙[M].北京：文化艺术出版社，2003.
③ 曹卉，汪火根.村落文化视野下的生育与教育：一个土家村寨的人类学调查[J].湖北民族学院学报（哲学社会科学版），2004（4）：18-22.
④ 秦树理.发掘村落文化资源建设社会主义先进文化[J].河南社会科学，2005（5）：137-138.
⑤ 刘瑞娟.论村落文化与乡风文明建设[J].江西农业大学学报（社会科学版），2007（2）：83-85.
⑥ 叶芳.村落文化范式的转换和创新[J].青海社会科学，2007（4）：40-44.
⑦ 葛勇军.新农村建设中加强村落文化建设的探索与思考[J].中国西部科技，2009（15）：53-54.
⑧ 胡彬彬，吴灿.中国村落文化研究现状及发展趋势[J].科学社会主义，2014（6）：99-104.

续表

作者	定义
闵英，曹维琼（2016）	村落文化是村落中千百年来逐渐形成的一种内在的、影响着村落社会生活，规范村民行为，指导村民生产的知识总和。[1]
王乐（2016）	村落文化是由村民在长期的生产生活中形成的，具有本土特征的风俗人情、礼仪习惯等所构成的传统。[2]
王萍（2018）	村落文化指村落在历史发展中形成累积的物质文化遗产、非物质文化遗产以及介于两者之间的历史记忆、宗族传衍、俚语方言、村约民规、生产方式等。[3]
任映红（2019）	村落文化是以传统农耕文化为基础的，以血缘、地缘、业缘关系为联结的文化形态，是村落共同体长期历史积淀形成的社会风尚和精神内核。[4]

村落是基础，文化是内涵。村落文化也是乡村文化的载体和体现，其中体现了它的特征如下。

（1）关系性与复杂性

在村落里面的人，少则由一个或两个姓氏组成，多则由十余个姓氏组成，不同姓氏之间往往有着姑、叔、舅、姨等亲戚关系，亲戚邻里间团结和睦、关系融洽。

（2）地域性与差异性

一个村落往往具有明显的地域范围，即有一个村落的边界，在这个边界范围内，由于村落所处自然环境的差异带来少数民族群众生计方式的区别，也形成了差异化的民族村落文化模式。

（3）结构性和延展性

村落文化从物质文化、精神文化、制度文化和行为文化这四元结构中拓展而来，结构完整，且每个结构层次下面均含有丰富的村落文化组成内容，

---

[1] 闵英，曹维琼．重构传统村落文化保护与发展的文本意识［J］．贵州社会科学，2016（11）：76-83．
[2] 王乐．村落文化的传承与乡村学校的使命［J］．湖南师范大学教育科学学报，2016，15（6）：26-32．
[3] 王萍．传统村落文化数字资源建设研究［J］．图书馆建设，2018（7）：54-59．
[4] 任映红．乡村振兴战略中传统村落文化活化发展的几点思考［J］．毛泽东邓小平理论研究，2019（3）：34-39+108．

并且随着时代的变迁可不断地拓展。

由此可见，村落文化必须要能展示自身的特色，这是村落文化的立身之基，发展之本。只有正确地认识民族村落文化的内涵与特点，才能充分挖掘民族村落文化的历史底蕴，才能发挥它的创造力和影响力，也才能更好地为当地的物质文明与精神文明建设服务。

在村落处，生活着少数民族群众，他们的生产、生活、人际交往等活动都发生在民族特色村寨里面，其村落文化更具有与其他村落文化不同的内容。本研究讨论的聚落文化，也可称为村落文化，指的是由一定血缘或亲缘关系组成的，在一个具有强烈边界意识地域范围内（一般是以村庄这一乡土社区为单位）所展现出来的少数民族群众在生产、分配、交换、消费等一系列在经济、政治、社会交往等领域的活动中形成的具有民族鲜明特色的各种规矩、习俗等。民族村落作为一个重要的宝库，其孕育和存续着具有悠久历史的博大精深的中华文化，民族村落文化是一个民族存在的重要标识，是一种不可再生的宝贵文化资源。在二十一世纪经济飞速发展的今天，我国工业化和城市化的步伐不断加快，使得民族村落文化的存续面临巨大的挑战，如若不采取恰当的保护措施，民族村落文化将随着时间的推移逐渐遗失。

从实地调研来看，民族地区旅游发展的核心吸引力在于具有少数民族特色的村落文化。只有呈现多样的村落文化，具有丰富内涵的文化旅游项目，满足了旅游市场需求的旅游产品，民族村寨的旅游才有持续发展动力，才能通过旅游的发展促进民族村落文化的保护。

2. 聚落文化国内研究状况

（1）国内历年研究状况

在知网中以"聚落文化"或"村落文化"为检索词进行主题检索，得出近二十年来国内相关领域发文量按年份分布如图 2.8 所示。在图中我们可以看出，该领域的研究随着时间的迁移有升有降，但从整体上来说呈现一个上升的趋势。在 2008 出现较明显下降趋势，之后持续上升。在 2015 年、2017 年这两年中，该领域的发文量出现大幅度的上升。2018 年的发文量达到 250 篇，是近二十年来发文量最多的一年。[①]

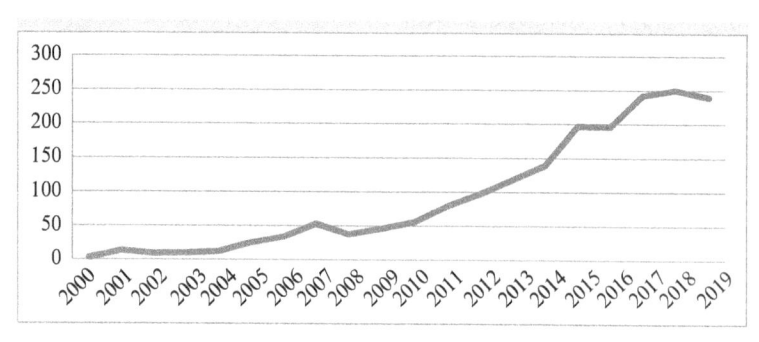

图 2.8 聚落文化相关研究领域 2000—2019 年发文量

（2）CiteSpace 可视化图谱分析

利用 CiteSpace 统计分析工具，以知网中聚落文化的相关文献共 1856 篇作为研究的数据库，设置时间切片为 1，设置 selection criteria 为 10%，设置共现网络阈值（threshold）为 28，得出由 714 个节点和 2027 条链接组成的关键词共现图谱，并通过 LLR 算法对关键词进行了聚类分析，最终形成聚落文化相关研究领域关键词共现图，如图 2.9 所示。从图 2.9 中可以看出，首先，传统村落、村落文化、古村落是研究重点。其次，文化景观、旅游开发、保护、新农村建设、文化生态、文化遗产保护、地方文化、非物质文化遗产、村落文化景观等都是该领域研究的热门关键词。图 2.9 中带标号的关键词代表聚类，图谱共得出了 12 个较为明显的聚类，分别为保护、村落文化、传统村落、文化景观、村落文化景观、古村落、历史文化资源、乡村、鼓楼、可持续发展、常州市、古代建筑。聚类的模块值（Q 值）=0.4816>0.3，

---

① 数据来源：中国知网，时间截至 2019 年 12 月 31 日。

意味着划分出来的社团结构是显著的，平均轮廓值（silhouette=0.5954，大于 0.5，说明该聚类是合理的。该 12 个聚类标题词分别代表着各自研究范畴内的重要研究方向。

图 2.9　聚落文化相关研究领域关键词共现图

从 CiteSpace 中将关键词数据导出，聚落文化相关研究领域核心关键词词频如表 2.4 所示。由表可知，出现频次在 30 以上的关键词总共有 17 个，按频次高低依次排列为传统村落、村落文化、古村落、保护、地方文化、文化景观、古村落文化、文化遗产、村落文化景观、文化传承、旅游开发、传统村落文化、新农村建设、文化、村落、文化遗产保护、非物质文化遗产。这些关键词所代表的内容，是聚落文化相关研究领域的重要研究方向。

表 2.4　聚落文化相关研究领域核心关键词词频

数量	年	关键词	数量	年	关键词	数量	年	关键词
356	2001	传统村落	46	2012	文化传承	29	2003	文化保护
281	2001	村落文化	39	2010	旅游开发	28	2018	乡村振兴
186	2003	古村落	38	2001	传统村落文化	28	2012	保护与发展
115	2009	保护	38	2006	新农村建设	28	2001	村民
83	2001	地方文化	35	2002	文化	24	2010	传统文化

续表

数量	年	关键词	数量	年	关键词	数量	年	关键词
80	2001	文化景观	34	2002	村落	24	2001	可持续发展
78	2006	古村落文化	32	2006	文化遗产保护	24	2011	文化生态
56	2010	文化遗产	31	2010	非物质文化遗产	23	2013	城镇化
50	2006	村落文化景观	29	2001	传统聚落	22	2009	传承

利用 CiteSpace 工具中的 Timeline View 功能可得出，聚落文化相关领域的时间线视图如图 2.10 所示。从中我们可以看出，在聚落文化相关研究领域研究热点的迁徙状况以及每个关键词所出现的时间区域。在前 4 年中，聚落文化相关研究领域的关键词较少，从 2005 年开始，其研究的关键词明显增多，研究领域得以拓宽。在这 20 年的研究中，前期，其研究热点主要集中在对于

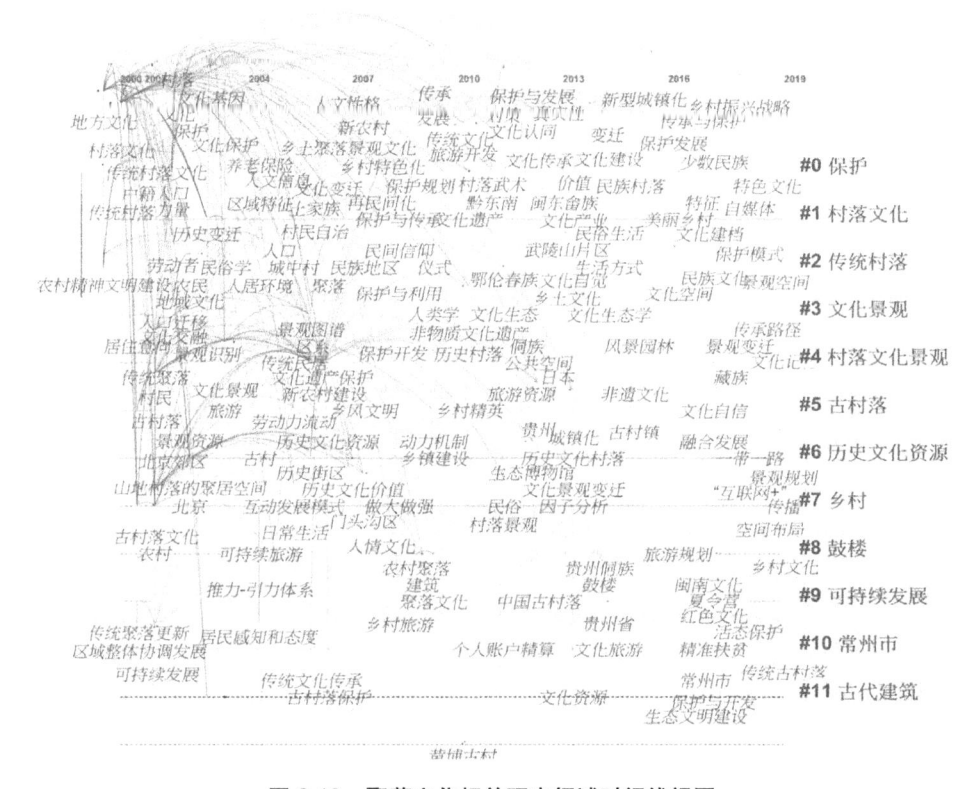

图 2.10 聚落文化相关研究领域时间线视图

文化载体的探讨，如传统村落，乡村、农民等。到了中期，逐渐开始出现对其文化变迁、文化基因、历史文化资源、文化生态、乡村旅游等方面的研究。近几年的研究中，出现一些较新的研究视角，如自媒体、美丽乡村、文化自信、文化旅游、文化空间、互联网＋等研究。

以旅游业为媒介对聚落文化的开发与保护方面的研究中，国内学者越来越多，如崔峰、李明、沈志忠在《经济社会发展对海岛型农业聚落文化遗产保护的影响》一文中表明，只有先增强大众对农业聚落文化遗产的保护意识，人类传统的农业聚落文化遗产，特别是海岛型遗产才会得到更好的保护。[①] 赵会宾、张立以世界物质文化遗产宏村为例，提出应结合国情、乡村文化景观保护策略的综合运用，继续发挥其基本功能的前提下尽可能保护原始古村落文化景观和完整性[②]。杨春锁分析了光禄古镇聚落文化中的历史文化、生态环境、空间分布及聚落建筑对当地旅游景观规划的影响，从而探讨延续光禄古镇自然风光和地域历史文化脉络的方法，以彰显出古镇独特的旅游景观文化[③]。王中华通过对世界农业聚落文化遗产发展乡村旅游业先进经验的梳理，提出我国农业聚落文化遗产进一步发展乡村旅游业的路径为发展民宿经济，制定严格的建筑物修建计划，将乡村产品与民族文化结合完善保护利用机制并明晰各主体权责。[④] 目前，学界对于乡村旅游发展和聚落文化保护与传承的研究较多，但对于乡村旅游与瑶寨聚落文化协调发展的模式的研究还有待深入。

---

① 崔峰，李明，沈志忠.经济社会发展对海岛型农业聚落文化遗产保护的影响：以连云港西连岛村为例[J].中国农史，2014，33（1）：123-131.
② 赵会宾，张立.聚落文化景观的未来：以世界物质文化遗产宏村为例[J].品牌，2015（1）：154.
③ 杨春锁.光禄古镇聚落文化对地域旅游景观的影响研究[J].艺术教育，2017（Z5）：282-284.
④ 王中华.加快我国农业聚落文化遗产发展乡村旅游业的路径探讨[J].对外经贸实务，2018（6）：81-84.

3. 聚落文化研究述评

综上所述，在聚落文化的研究中，其研究的文化载体主要为传统村落，聚落文化保护与传承路径的探索是主要内容之一，其主要研究路径包括文化变迁、旅游开发、文化景观与文化生态的打造以及新农村建设等政策研究等方面。在与旅游相关的聚落文化研究中，相关研究更多关注的是旅游发展对文化景观、文化的保护与传承路径的探讨。聚落文化的传承一定程度上来说是基于群众生产生活需求的，当某一文化不再被该民族所需求时，其传承将会受到威胁，甚至走向消亡。乡村旅游的发展使得聚落文化存在的价值被转化为一份及时可观的收益，使得聚落居民意识到其文化存在的部分价值，进而将其继续传承与发扬。以乡村旅游促进聚落文化保护与发展是当前聚落文化相关研究的主要视角。

2.3 相关理论基础

2.3.1 区域经济增长理论

1. 理论概要

区域经济增长（regional economic growth）指的是在一定时间范围内区域总产出（包括产品与劳务）的增长。区域经济发展理论作为合理的、科学的适用于研究区域经济发展的关键理论，为区域经济发展战略的制定奠定了基础并提供了理论依据。发展区域经济除了要依靠区域的人力、物力、财力、技术等内部资源、外部资源，如外来技术与人才等对区域经济发展的作用也不可忽视。[1]

（1）古典经济增长理论

亚当·斯密在《国富论》中认为财富的增长、经济的发展有两个原

---

[1] 谷国锋.区域经济发展的动力系统研究［D］.沈阳：东北师范大学，2005.

因：一是增加社会上实际雇佣的有用劳动量；二是改进社会上实际雇佣的有用劳动的生产力。[1] 尽管当时的学者也意识到了技术水平在经济增长中的作用，但由于当时科技水平的限制，古典经济增长论认为劳动和资本在经济增长中起决定性作用。[2] 但该理论下实际增长率与预估增长率之间往往是不相等甚至背离的，为解决这一问题，有学者提出了新古典经济增长理论。

(2) 新古典经济增长理论 (neoclassical growth theory)

以罗伯特·索洛为代表人物的新古典经济增长理论认为经济稳定增长和平衡增长的关键在于外生技术的进步。从创新的概念被提出以来，经济学家们逐渐将视线放在创新对于经济发展的影响之上。索洛认为在市场中通过合理配置劳动和资本在市场中的投入比，可实现充分就业和经济稳定增长的目的，而自然增长率则由人口增长速度和技术进步速度所共同决定。[3] 其主要观点即为技术进步可促进该区域的经济增长。这一理论对古典经济增长理论进行了修正，解决了经济增长率与人口增长率不能自然相等的问题。但该理论以外生变量来解释经济增长现象，属于自相矛盾的行为，因而又有学者提出了新经济增长理论。

(3) 新经济增长理论 (new growth theory)

新经济增长理论又称为内生经济增长理论。高鸿业认为，新经济增长理论中的知识溢出可以促进科学技术进步，从而可以促进经济的增长。[4] 该理论将科学技术的进步看作经济增长的内生变量，认为知识的积累是区域经济增长的核心驱动力，并认为某一区域的经济增长受到周边区域经济增长溢出的影响。新经济增长理论着重强调了知识和技术在区域经济增长中的重要地位。

---

[1] 亚当·斯密.国富论[M].张兴，田要武，龚双红，译.北京：北京出版社.2007.
[2] 郭孝芝.山西省科技创新政策效果评估研究[D].太原：太原理工大学，2015.
[3] 罗伯特·索洛.增长理论：一种说明[M].王恩冕，沈晓明，译.北京：华夏出版社.1988.
[4] 高鸿业.西方经济学宏观部分[M].北京：中国人民大学出版社.2011.

在投入要素的过程中只有在能够推动技术进步的条件下才能带来经济的可持续增长。

2. 在旅游研究中的应用

在旅游业发展的相关研究中，区域经济增长理论应用颇广。旅游业的发展可提高地方的就业率、增加居民的收入、带动旅游相关产业的发展，从而使得该区域的经济发展水平得以提升，同时形成经济增长溢出，带动周边区域的经济增长。据相关研究结果表明，旅游业的发展能够显著促进我国区域经济的增长。旅游业增长1个百分点，地级市人均GDP则相应增长约0.3个百分点，且国内旅游对区域经济增长的带动作用大于国际旅游。[①] 分地区的回归结果表明旅游业对区域经济增长的推动作用主要体现在欠发达地区；分产业的结果表明，旅游业能够显著促进第三产业的增长。进一步的研究表明，旅游业带动区域第三产业经济增长的机制包括促进批发零售业和餐饮住宿业的发展，增加就业和降低一个地区的失业率。[②] 众所周知，区域旅游资源丰富独特、民族文化特征鲜明的地区，其区域旅游经济增长迅猛，迅速成为带动民族地区经济增长的重要引擎。因此资源丰富、特色突出、民族文化氛围浓厚的民族地区是发展旅游业的极佳选择，对当地经济的发展能够起到量变到质变的作用。

2.3.2　增长极理论

1. 理论概要

《增长极理论与实践》一文中提到，在1955年，法国经济学家弗朗索

---

① 张攀，杨进，周星.中国旅游业发展与区域经济增长：254个地级市的面板数据［J］.经济管理，2014，36（6）：116–126.

② 同①

瓦·佩鲁提出"增长极"的概念和理论，这是"增长极"理论的最早由来。[①]《河北省产业集群与区域经济增长的耦合关系研究》一文中描述了佩鲁的观点，他认为在某一主导产业之下，与其高度相关且增长迅速的产业共同形成增长极，这些增长极通过乘数效应拉动周边产业或部门的发展。[②] 随后，佩鲁的弟子法国经济学家布代维尔、瑞典经济学家缪尔达尔以及美国经济学家赫西曼等学者通过研究使"增长极"理论在一定程度上得到了丰富和发展。该理论认为，一个国家实现平衡发展是不切实际的，通常是政府部门利用倾斜政策着重培养一个地区或产业，使之成为经济上的"增长极"，形成的一个或几个增长中心逐步向其他地区或产业推广，进而带动其他地区或产业的整体发展。这实际上强调了一种不平衡的经济发展状态，在具有一定规模和发展潜力，且具备投资条件的极个别地区或极少数行业中通过投入仅有的有限的稀缺资源，来吸引同样具有创造力的企业在一些地区或大城市集聚，这种具有雄厚资本与技术、规模经济效应且优先发展的"增长极"的形成，能够辐射到周边地区并有效带动周边地区的发展。[③] 增长极理论具有几个突出要点。首先，其理论基础一定是建立在具有一定规模的城市上，至少是一个地区的文化、政治、经济中心；其次，作为理论基础的城市必须具有建设性的主导工业部门以及不断发展壮大的工业综合体，比如工业园区、经济开发区以及产业孵化园等；最后，该理论具有扩散效应和回流效应，即该理论下的城市被认为是一个由点到面、由局部辐射整体的有机结合体。

佩鲁的增长极理论实际上是一种非均衡发展理论，它是以现代系统科学和现代自然科学，尤其是现代物理学为基础的。他指出每个地区的经济发展速度并不一致，不同的时期经济增长较快的大多集中在个别部门和有创造力的行业，而它们大都集中在集生产、信息、贸易、交通、决策、金融等各大

[①] 史东明. 增长极理论与实践 [J]. 外国经济与管理，1995（2）：25-26+37.
[②] 张双格. 河北省产业集群与区域经济增长的耦合关系研究 [D]. 沈阳：辽宁大学，2018.
[③] 谭崇台. 发展经济学 [M]. 太原：山西经济出版社，2001.

中心于一体的大城市。这些大城市便是增长极，它们在这些地区得到了优先发展。增长极就像有着南北磁场的磁体，产生的离心力和向心力，即吸引力和排斥力会形成一定范围的场，从而以辐射和吸引的方式带动并支配着周边地区、部门和经济单位的发展。增长极的形成需要有创新能力的企业群，并且有较好的规模经济效应。在外部环境，需要提供有利于经济发展的环境。由佩鲁提出的原始增长极理论最初是建立在抽象的经济空间上的，并不代表地理空间。所谓的经济空间，就是存在于不同经济元素之间的无形的纽带关系，只要存在经济科学目标抽象关系的组成结构，就能构建起经济空间。但是，这些广义的经济空间可以概括为三类：作为匀质整体的经济空间、作为受力场的经济空间以及作为计划内容的经济空间。佩鲁提出的增长极理论主要是针对于作为受力场的经济空间，该空间可以描述为若干个由点及面的经济综合体的结合，即由若干经济中心和围绕这些经济中心的亚中心组成，每一个经济综合体都与其他经济综合体相互交会，就像无数个互相交会的磁场，每一个磁场的强弱都会引起其他磁场的变化。然而，佩鲁的增长极理论却忽视了地理空间，在20世纪60年代以后，许多后来者逐渐将佩鲁的增长极理论从经济空间拓展到实际的地理空间。

罗德文（Rodin）于60年代初提出增长极的空间含义，并将其运用于区域规划。[1] 到60年代中期，布代维尔对佩鲁的增长极理论进行了拓展，在分析经济空间概念的基础上从外部经济和聚集经济的分析出发，将增长极的意义由经济拓展到地理含义，指出经济关系除了包含特定区域内相互联系的经济变量之间的结构关系，同时也包括区位关系。增长极的结构特征便是这些关系所强调的。后来，把增长极作为增长中心或城市的尼科尔斯、达温特等学者认为增长极便是具体的空间单元。

---

[1] 李仁贵.增长极理论的形成与演进评述[J].经济思想史评论，2006（1）：209–234.

2. 在旅游研究中的应用

对于旅游业的发展来说，增长极的理论在区域旅游业的发展中同样适宜，点—轴开发理论和网络开发理论是增长极理论在旅游业应用中的两种主要形式。[①] 研究实践证明区位条件较好、具有独特性、垄断性、创新性等主导资源优势地位的旅游目的地容易形成增长极。而这些旅游增长极在政策、监管等外在因素的强化引导下，利用便利的区位优势，对游客形成吸引力及有利的投资环境，使旅游者和旅游产业不断地向其聚集而形成新的增长极，先产生极化作用，然后再产生扩散作用，不断延伸和扩展，加强与其他地区旅游经济网络的联系，在更大的区域范围内对旅游产业进行合理的组合发展，最终发挥增长极的作用，带动区域旅游共同发展。[②]

2.3.3 文化变迁理论

1. 理论概要

文化是指相对于经济、政治而言的人类全部精神活动及其产品，是智慧族群基于自然基础上的所有物质与思想、精神等的活动内容，简单来说就是人类所有生活要素的统称，包括衣食住行等。文化变迁是指族群内部发展或者不同族群之间相互接触引起的不同文化的缓慢的变化过程。变迁在所有社会和文化系统中都是一个常数。每种文化都处在持续不断的、以创新为基础的变迁之中。要想适应已经改变了的环境，唯有创新，这种创新被大多数人接受时，文化变迁也就发生了。人类发展的历史长河就是一部文化变迁史，文化变迁伴随着人类文明的萌发与发展，文化变迁既有对古老传统的传承与废除，也有对其他文化的吸收和排斥，这些都像是一双无形的大手，推动着人类文明的进步与发展。从文化的内部因素来分析，

---

① 黄河. 基于增长极理论的金沙江下游旅游圈合作模式研究. 生产力研究 [J]. 2010（12）: 132-133+148.
② 夏学英, 金艳春. 试论辽宁旅游产品增长极培育. 中国地名 [J]. 2010（11）: 36-38.

文化变迁的动力来自不同文化的接触与传播，价值观的冲突以及新的发现与发明等，这些都会刺激文化的变迁。从文化的外部环境来分析，人类群体和自然环境的变化、社会结构与关系的变化都是造成文化变迁的原因。"变迁通常随着社会文化环境或自然环境的改变而发生"。[1]美国学者克莱德·M·伍兹认为，一个民族的文化在岁月积累中慢慢发生的变化或者是外来民族对本民族文化的冲撞所产生的文化或生活方式上发生的任何改变，都称之为文化变迁。

文化变迁可分为自然变迁和计划变迁两类，自然变迁是指人类无意识的文化自然发展和积累的过程，这个主要体现在从人类进化为智慧生物直到近现代工业革命的漫长时间段。而计划变迁是人类在有一定精神文明与物质文明基础之后做出的有意识、有计划地文化改革与发展的过程，计划变迁主要开始于工业革命。人类在某一个特定的条件下，外界环境相对稳定，其生产生活以及精神活动可能不会有太大的变化。然而随着外界环境的改变，比如战争、地质活动、气象变化等造成的人类迁徙或者是对周围环境的适应与改造。人类的本能会驱使本身作出变化，以保证能在变化的环境中生存，与此对应的生活方式就会随之做出相应的改变。这样一来，原有的文化就会被迫做出改变以适应新的环境。人类对于这些变化只是无意识地在适应中做出改变的无意识举动。在具有一定的精神文明与物质文明之后，人类对于自身的文化有了系统性的认知以及期盼，这就促使人类自发地做出有计划的改变，比如政治、经济、教育体制的改革等，所作出的这些改变都是以更合理、更高级别的生产生活为目标的、有意识的举措。

文化变迁主要有三种模式：创新、涵化和传播。创新是指从无到有的文化产生过程，可细分为发现和发明两种方式，发现是指人类通过观察已有的事物所得到的新的信息或者认知，而发明是指人类创造出之前不存在的物质

---

[1] 克莱德·M·伍兹.文化变迁[M].施惟达，胡华生，译.昆明：云南教育出版社，1989.

或者精神财富。两者都能使文化产生变迁,并不是整个群体的人都能接受并且主动去创新,这些都是来自群体中的特殊个体,然后由特殊个体去感染并传递给其他个体,当这个群体当中有足够数量的个体接受这个创新之后,就可以说是文化已经发生了变迁。

涵化是人类群体对于外界环境的变化所作出的适应、融合、同化或者抗拒的文化行为,可以理解为文化接触、文化触动或者说文化移入,这主要是发生在不同群体的之间或者是群体与变化的生活环境之间,最为常见的是带有绝对优势的群体对于处于劣势群体所产生的涵化,这当中本身没有新的文化元素产生,只是对既有文化做出特定的吸收与改变,涵化可以是主动的,也可以是被动的。

传播是指一个群体的既有文化通过直接、间接或者刺激的方式向别的群体产生浸润、借用、渗透甚至侵蚀的过程,不同的群体通过比较自己认知的文化与相对应的外来文化,然后决定是采纳吸收还是批评摒弃,这个选择并做出决定的过程就是文化传播。文化的传播可以分为主动与被动传播,文化传播是相互的,并不是单方面的行为和现象,文化的传播就是一个对既有文化的传输与接纳的过程,当文化传播出现的时候,就意味着文化出现了变迁。[1]

黄淑娉与龚佩华认为民族特征随着民族发展的变化而变化。文化变迁的起因通常是民族内部持续发展或不同民族之间相互碰撞引起的。[2] 黄淑娉指出内外环境的变化都会引起文化变迁,内部环境主要指由民族内部发生的变化引起,外部环境则是指自然和社会环境的不断更新换代和与其他民族交流碰撞过程中引起。当人们所处的环境发生了改变,他们必然会做出一些反应来适应环境,久而久之,这种方式成为民族特质,文化变迁也就发生了。[3]

---

[1] 克莱德·M·伍兹.文化变迁[M].何瑞福,译.石家庄:河北人民出版社,1989.
[2] 黄淑娉,龚佩华.文化人类学理论方法研究[M].广州:广东高等教育出版社,1998.
[3] 黄淑娉.人类学民族学文集[M].北京:民族出版社,2003.

文化变迁与社会变迁有所不同，文化变迁研究文化的特质、模式与风格等文化环境的变化，而社会变迁研究社会的关系、群体和生活等的变化。①

变迁是人类社会永久存在的现象，文化本身的一成不变是相对的，不断发展才是绝对的。当文化所处的环境因为各种原因发生改变，而人们用足够多人们接受的方式来适应变化时，文化变迁就已经发生。无论文化如何变迁，既有文化和已经消失的文化都是人类进化与发展史上不可缺少的组成部分，既有文化也面临着被摒弃、改变或者遗忘的风险。对于文化的变迁，必须站在客观的立场，研究并且保护既有文化，无论文化本身是否符合我们的认知，存在的即是合理的，否认或摒弃文化就是否认人类的发展史，我们只有保护好既有文化，才能在此基础上建立更加适合人类发展方向的文化因素，才能保证人类文明迈向更高层次。

2. 在旅游研究中的应用

文化变迁理论被应用于社会学、民族学、人类学、旅游学等多个研究领域。文化的变迁使得中国各地的文化形成很大的差异，不同地域的文化差异推动了旅游业的发展。部分学者利用文化变迁理论来分析旅游发展之下旅游目的地的文化变迁过程，通过分析旅游目的地内各大主体的行为来解析文化变迁的内在机制。文化变迁是不可避免的客观规律，在文化变迁的过程中，旅游业的发展起到了催化作用。旅游业发展所带来的外来文化与旅游目的地本土文化产生冲突，从而形成示范效应、累积效应和激受效应，从而形成文化变迁的主要推动因素。一方面，旅游业的发展使得旅游目的地与外界的交流增加，强化了地方居民的文化认同感，在一定程度上促进了地方文化的重构；另一方面，旅游业的发展使得地方文化舞台化、庸俗化、趋同化，导致地方文化变迁朝着消极的方向发展。

---

① 司马云杰.社会文化学[M].济南：山东人民出版社，1987.

2.3.4 文化基因理论

1. 理论概要

卡尔普指出自然界中的生命体主要是由蛋白质、核酸等生物大分子组成。核酸作为生命体内一类重要的生物大分子，是生物遗传信息的载体。核酸分为核糖核酸（RNA）和脱氧核糖核酸（DNA）。DNA双螺旋结构模型的发现，确立了DNA是主要的遗传物质，而基因（gene）则是载有遗传信息的DNA片段。[①] 赵亚华认为DNA作为遗传物质主要有如下特性：第一，存储遗传信息；第二，将遗传信息传递给子代；第三，物理和化学性质稳定；第四，有遗传变异的能量。[②] Fletcher, Hickey, Winter 在《遗传学》一书中指出基因是遗传信息的基本单位。它对应于DNA上一个不连续的区间，编码一个多肽的氨基酸序列。[③] DNA携带的遗传信息只有通过转录和翻译表达为蛋白质才能实现不同的生命功能，也就是说蛋白质是生命活动完成的基础，是生命特征的体现者。基因的概念来源于生物学，它自身携带的遗传信息可以通过复制传递给下一代，从而使下一代与亲代的形状特征相同。基因也受内外环境的影响，在内部环境下它们都携带有特定的遗传信息，能够精准地复制自己以保持稳定的生物特征，受外部环境的影响，在细胞分裂时基因会突然改变原来的存在形式，出现新的基因来代替原基因，促使生物选择出最适合自然的个体，这也就是生物学中的"基因突变"。

文化基因是基于生物学上的"基因"而提出的，属于社会生物学，是指通过模仿文化的某一部分的方式来进行传播，文化基因的传播、发展与生物进化很相似。学术界对于文化基因单位的界定有所争议，有学者认为文化基

---

① 卡尔普. 分子细胞生物学 [M]. 北京：高等教育出版社，2005.
② 赵亚华. 分子生物学教程 [M]. 北京：科学出版社，2006.
③ Fletcher H, Hickey I, Winter P. 遗传学 [M]. 张博，译. 北京：科学出版社，2010.

因是一个复合体,是由很多文化的片断所组成,即为概念"谜米复合体";也有学者将文化基因提到了内在推动因素的高度,认为民族思维方式和内心结构的改变即为文化系统里基因的发展演变。文化基因又称为"meme",在1988年出版的《牛津英语词典》中的解释为:meme: An element of culture that may be considered to be passed on by non-geneticmeans, esp. imitation(文化的基本单位,通过非遗传的方式、特别是模仿而得到传递)。各种文化现象的内在本质实际上就是具有复制能力的文化基因,它的传播过程类似于生物遗传。"文化的发展、传播和多样化的模式具有与生物进化相似的特征",在天津大学赵传海教授的《论文化基因及其社会功能》中可以看到。[1]谜米与基因一样都可以进行自我复制,并且能够时刻提醒人们用语言的方式对文化进行传递。[2]这句话适用范围较广,同样可运用于聚落文化中文化基因的传播。一方面,人类社会在不断发展中形成聚落空间,这种发展如同保证生命物种延续的生物基因之间的杂交一样,不同文化相互使用、交流、混合与互动的结果就是产生新的文化;另一方面,生物多样性由基因多样性所决定,对于聚落空间中的聚落文化也如此,文化基因的多样性同样决定着多样性的聚落文化空间。

文化遗传,即文化传播的基本单位是文化景观基因。既决定文化景观的形成,又与其他文化景观有所区别,有利于人们更好地识别文化因子。事实上,文化在保护、传承、发展中,一方面在保护与传承文化自身的精髓,保持个性,另一方面,在传承中为顺应时代发展的潮流,又会发生一定的变化,推陈出新,实现文化更好的发展。产生新文化基因必然要通过变异,人们在进行文化传播中会不由自主地对文化的某一部分进行改造,赋予文化基因新的活力与更加丰富的内涵。其最典型的代表就是聚落文化,在同一个聚落中,聚落文化景观是相同的,因为其基因的"遗传"特征是一致的。又由于周边

---

[1] 赵传海.论文化基因及其社会功能[J].河南社会科学,2008(02):50-52.
[2] 谢晓蓉.生物传递基因与文化传播谜米[J].河西学院学报,2003(04):81-83.

环境处在一种不断变化的状态中,所以文化景观在传播中会发生一些变异,这是生物遗传的基本规律,其较为类似的传承原理同样存在于聚落文化的演变过程中。因此,文化基因在聚落文化空间的形成与发展过程中起着控制和影响作用,重视聚落文化基因,使之在物质空间中得以保留和呈现,是维护传统聚落风貌特色的关键。

聚落文化中识别文化基因是关键,要掌握和认清一个聚落的文化基因很复杂也很困难。除了要了解其外部表现,更要了解其历史、文化、宗教等内在因素。一个聚落的文化基因的确定应符合四个原则:一是内在唯一性原则,即其他聚落没有该聚落文化基因的内在因素;二是外在唯一性原则,即其他聚落没有该聚落文化基因的外在因素;三是局部唯一性原则,即该聚落文化基因的核心要素不存在于其他聚落;四是总体优势性原则,即其他聚落有该聚落类似的文化基因,但是该聚落的文化基因是典型代表。

2. 在旅游研究中的应用

文化基因理论在旅游研究中得到了广泛的应用。许多学者从文化基因的角度对旅游目的地的文化进行了解析,从而探索地方文化的保护和发展路径。旅游文化基因可分三大类:分别为主体基因、附着基因和变异基因。主体基因在文化基因系统中处于核心地位,其决定了该区域的文化属性并对其文化的外显特征产生巨大的影响。附着基因是依附于主体基因上的,其不仅能够在很大程度上反映地方文化的独特之处,还能加强主体基因的外显作用。变异基因是指在社会发展过程中发生变异的文化基因。文化基因的变异分为两种:一种是良性文化基因变异,即在现有文化基因的基础上为其增添一些现代化元素,使其变得更加丰富;另一种为恶性文化基因变异,即在现有文化基因中,旅游开发者以利益为导向对文化基因进行更改,使得地方传统文化被舞台化、庸俗化,最终导致地方特色文化减弱甚至面临消亡的风险。文化基因在旅游业的发展演进中占据着极其重要的地位，文化基因控制着旅游目的地文化的传承与保护，决定了该区域的文化走向。利用文化基因理论，对地方特色文化进行解构与重构，在保护与传承的基础上使得地方特色文化为当地旅游业的发展创造最大价值，并以旅游发展促进当地文化的保护，进而形成文化基因保护与旅游开发互利共生的发展模式。

2.3.5 社会表征理论

1. 理论概要

社会表征理论（social representations theory）是由法国心理学家塞尔日·莫斯科维奇在其所著的《社会表征》一书中所提出来的一种社会心理学范式，主要用于探讨不同社会环境下社会知识的构建、转换和现实问题。他认为社会心理现象只有在历史、文化的宏观环境中才能得到很好的解释。社会表征的定义为"拥有自身的文化含义并且独立于个体经验之外而持续存在的各种预想、形象和价值所组成的知识体系。"[1] 社会表征是以行为和交流为目的的社会群体对社会客体的知识与观念的共享，具有建立熟知社会、促进社会成员之间交流互动、加强人类群体对世界的认知的功能。社会表征是人类行为的产物，是人类社会意识的一部分，其具体内容和形式极易受经济发展、社会氛围、历史文化等因素的影响。社会表征形成的主要来源有三个，即直接经验、社会出版物和电子媒介等。

社会表征理论主要分为三大类：第一类为支配性表征，指的是被社会群体所普遍接受的较为稳定的表征；第二类为开解表征，指的是在小部分群体间，观点存在一定差异的表征；第三类为冲突表征，指的是在小部分群体间，存在观念和看法上的对立，形成冲突。

社会表征的发展及形成一般需要经历六个阶段：第一，个体或群体在某

---

[1] 塞尔日·莫斯科维奇.社会表征[M].高健，高文珺，俞容龄，译.北京：中国人民大学出版社，2011.

一环境中遇到不熟悉的现象或事件，产生威胁。第二，为解决威胁或事件采取应对措施。这种应对措施包含两种形式，一是专家从专业角度进行剖析阐述；二是个体或社会群体对其进行解释，形成特定符号。第三，将其具体化从而形成社会表征。第四，对不熟知事物进行思考和沟通后，以符号、隐喻等形式通过大众媒体和交流形成社会表征。第五，在经过反复沟通交流更新之后，使不熟知的事物成为社会共同知识。第六，共同的知识表征形成社会群体的共同心理认同。[1]

2. 在旅游研究中的应用

社会表征理论在社区旅游影响感知研究领域的应用始于20世纪90年代，其为居民和游客的心理研究提供了独特的视角。在当前研究中，社会表征理论主要被用于旅游感知和态度的相关研究领域。旅游目的地社区居民是该区域旅游业发展的重要利益相关主体，其对该区域旅游业的感知和态度严重影响着当地旅游业的发展，因而准确把握游客和居民的心理十分必要。社会表征理论强调在真实的社会环境中对个体或群体的感知和态度进行考察，并且十分注重社会共享对个体或群体行为的影响。部分学者利用社会表征理论，从社会学和心理学的角度对旅游相关主体的感知进行分析，从而对旅游目的地的形象进行了探讨。社会表征是从群体的角度去考察旅游感知的，社区居民对旅游的感知受到其旅游社会表征的影响。随着旅游业和现代技术的发展，大量的外来文化进入旅游目的地对其产生积极或消极的影响，这些影响通过各种途径作用于当地社区居民个体，从而形成关于旅游的个体社会表征。这种旅游社会表征会使得社区居民个体对旅游影响做出反馈行为，而该反馈行为又会反作用于居民感知，使其对原本形成的社会表征进行修正，进而在具有一定共同意识的群体中形成群体旅

---

[1] Wagner W G, Duveen R F.Theory and Methods of Social Representations [J].Asian Journal of Social Psychology, 1999, 2 (1): 95-125.

游社会表征。因而，不同的旅游社会表征又将旅游目的地的群体进行了细分。在旅游业的发展中，不同群体对于旅游业的感知与态度有所不同，导致其参与度也不同。在旅游规划过程中，利用社会表征可以帮助规划者更加了解社区内不同的群体对某一问题的感知，从而对当地旅游业的发展进行合理规划。

第3章 南岭瑶寨聚落文化基因的梳理

3.1 瑶寨聚落文化基因的演变

3.1.1 文化的组成

1. 结构主义下文化的组成

结构主义是文化与社会研究中常用的研究方法之一。二十世纪中期，法国人类学家克洛德·列维-斯特劳斯创建了结构主义学派。[①] 结构主义认为在人类社会文化的表面结构之后，都隐藏着一种真正的社会结构，人类学研究的任务就是要用建立模式的方法去分析和揭示这种真正的结构，并揭示人类的思维结构。其主张以结构的方法来研究文化的规律，进而从复杂的文化中去探究其深层元素结构。

2. 文化二结构

文化二结构论将文化分为物质文化层和精神文化层。物质文化层包括物质实体、社会经济和人员组织。精神文化层则包括语言、文学艺术、宗教信仰、民风民俗等。在该理论下，多数学者和专家认为精神文化层相较于物质文化层更具影响力。

---

① 克洛德·列维-斯特劳斯.结构人类学[M].张祖建，译.北京：中国人民大学出版社，2006.

3. 文化三结构

文化三结构由马凌诺夫斯基所提出，其将文化分为物质文化、精神文化、制度文化。物质文化指人类物质劳动及其产物，是物质具体的外显形态。精神文化是指在人类生产生活中长期积累所形成的思维取向、观念等，是一种无形的文化，也是文化的内在实质。制度文化是指在人类社会实践中用于规范人类行为的规则制度，如政治制度、村规民约、宗教制度等，是介于物质文化和精神文化之间的意识实例。在该理论下，多数学者认为其物质文化易于改变，制度文化在历史变迁中也可探究其变化规律，但精神文化的变迁则极为缓慢且难以改变。①

4. 文化四结构

文化四结构论将文化分为物质文化、精神文化、制度文化和行为文化。物质文化指人类生产生活中可见的具体物质性文化实物。精神文化指在长期的社会实践过程中形成的社会意识、观念等，是文化的核心。制度文化指生产生活中所形成的各种行为规范和法则。行为文化指社会人际交往过程中不成文的礼仪、民风民俗等行为模式，其作用于居民的日常生活中，具有鲜明的民族、地方特色。

文化二结构论只是特定历史背景和人们当时认知水平下的文化分类方式，有着一定的局限性、不完善性和不成熟性。②文化三结构模型是在文化二结构模型的基础上提出的，更为符合文化分层的标准。文化四结构模型相对于前两个模型较为复杂，但在进行文化分层时，更能将复杂的文化清晰地呈现出来。南岭聚落文化具有复杂性、多样性等特征，对其文化结构的拆解也较为繁复，因此，本研究采用文化四结构模型，即物质文化、精神文化、制度文化和行为文化来开展对南岭瑶寨聚落文化的梳理。

---

① 马凌诺夫斯基.文化论[M].费孝通，译.北京：华夏出版社，2001.
② 胡志高，刘志明.社会文明结构：二分法抑或三分法[J].甘肃理论学刊，2000（1）：68-72.

3.1.2 文化模型

1. 同心圆模型

同心圆模型,即以来源于企业同心圆的模式将文化进行细分,体现了各层次间相互作用的关系。[①] 企业文化的同心圆模式,包括三个同心圆:内层圆、中层圆、外层圆。内层圆是核心,它是以国家政治方针、行业政策和企业价值观为宗旨的理念文化层面,简称"魂文化";中层圆是保证,它是以国际惯例、行业法律法规和企业规章规范为内容的承上启下的制度文化层面,简称"法文化";外层圆是基础,是以市场认同为目标的产品文化、环境文化和服务文化等看得见、摸得着的形象文化层面,简称"形文化"。同心圆模型包含内容广泛,主要将文化划分为物质文化、精神文化、制度文化和行为文化四个层次。同心圆模型作为一种研究方法,旨在解释普遍的文化现象,适合引申到文化相关研究领域。[②]

2. 文化"陀螺"模型

《领导学》一书中,吴维库教授提出了企业文化结构的"陀螺"模型,他认为企业是一个动态的而不是静态的系统,它要随环境的变化而变化。构成企业文化的核心价值观、制度层、行为层、器物层都会随环境的变化而发生变化。[③]

3. 睡莲模型

睡莲模型由艾德加·沙因所提出。[④] 最初,该模型是被用来划分企业文化层级的,后被应用于社会文化的研究领域中。睡莲模型着重强调文化中各

[①] 宋宝昌.企业文化的同心圆模式 [J].企业文化,2003(12):48-49.
[②] 薛汪祥.基于文化层次理论的广州城市特色风貌要素研究 [D].广州:华南理工大学,2018.
[③] 吴维库.领导学 [M].北京:高等教育出版社.2006.
[④] 埃德加·沙因.组织文化与领导力:第4版 [M].章凯,罗文豪,等,译.北京:中国人民大学出版社,2014.

个层次的功能，可解释所有文化现象间的关系。沙因的睡莲模型将文化划分为三大类：其一为外显形式，睡莲外露的花叶即为外显形式，属于文化的表层现象，该类文化易观察且易变；其二为支持性价值观，睡莲的茎干部分即为支持性价值观，属于文化的中间层，该类文化相对来说不易被观察到，也不易被改变；其三为基本的潜意识假定，睡莲的根部即为基本的潜意识假定，属于核心层，该类文化不易被观察到，且较为稳定，很难发生改变。睡莲模型体系复杂，层级关系较为模糊，不适用于对宏观概念的分类。

这三种模型均是基于对文化分层而进行的，其中同心圆模型对层次的强调程度最高，而元素功能和相互联系的体现程度最低；睡莲模型对层次的强调程度最低，但对要素间功能体现最为明显。实际上，文化各层之间并非简单的递进关系，或某种要素支配其他要素的形式。同心圆模型的形象较为具体，且易于理解和使用，因而被学界大多数人所接受。

本研究中采用了同心圆模式中的文化划分方式，将文化结构层次的研究范围引申到与南岭瑶族村寨相关的聚落文化中，并分为物质聚落文化、精神聚落文化、制度聚落文化和行为聚落文化。

3.1.3 聚落文化基因的演变

瑶族作为中国最古老的民族之一，传说起源于古代东方九黎中的一支，最初活跃在现今湖北、湖南地区。经过数千年的迁徙和发展，如今广泛分布于我国南岭山脉之间，足迹遍布广西壮族自治区，以及广东、湖南、福建、四川、贵州、云南等省份。古老的瑶族聚居村落广泛分布在南岭山脉的崇山峻岭之间，素有"南岭无山不有瑶"的说法。尤其在广东、广西以及湖南交界处的南岭山脉上，散布着乳源、金秀、连南等多个瑶族自治县。

在我国，瑶族大多偏居在条件较差的南岭大山之中，靠游猎畜牧为生，由于地理阻隔和生产生活等需求，瑶族村寨中逐渐形成了一种丰富的特色聚落文化基因。南岭瑶族聚落文化作为一个整体，其文化有多种表现形式，各类文化之间相互作用，形成较为稳定的聚落文化基因库。

本文针对南岭瑶族聚落文化复杂的特征，结合文化组成和文化模型的分类，将南岭聚落文化基因确定为聚落物质文化基因、聚落精神文化基因、聚落制度文化基因和聚落行为文化基因四类，进而对其演变过程进行以下梳理。

1. 聚落物质文化基因演变

南岭作为瑶族的发祥地，为南岭瑶族同胞提供了丰富的物质生活，也为瑶族同胞提供了诸多生活便利。丰硕而奇伟的南岭滋养了勤劳而勇敢的民族。勤劳勇敢而智慧的瑶族人民激活了南岭的灵性和神韵，收获着这片热土的丰饶和甜美。

南岭的地带性植被是亚热带常绿阔叶林，多分布在海拔800米以下。主要树种是樟科的樟树，其次是壳斗科的红椎、白椎、米椎、红缘、白缘等。常绿阔叶林群落结构一般可分为四层：高层为椎、橡类；次层为樟、木荷等耐荫植物；第三层为灌木层，主要成分有灌木、杜鹃等；最下层为草本植物，以兰科为主。海拔800米以上有香桦、漆树、红果槭、香枫、山毛榉、鹅耳枥等落叶阔叶树，构成山区常绿林。1300米以上有广东松、福建柏、长苞铁杉、铁杉、三尖杉和罗汉松等构成的针阔叶混合林。在1600~2100米的山顶，植被多为矮林，以石柯、南烛、杜鹃、山柳、雪竹等为主，局部有草甸分布。人工栽培林木以杉木和马尾松为主，是中国南方用材林来源之一。地带性土壤是红壤，海拔700米以上则为黄壤，山顶局部有草甸土发育，有色金属丰富。

南岭的野生动物品种繁多，兽类有华南虎、豹、豺、云豹、黄麂、麝、梅花鹿、苏门羚、灵猫、金猫、青鼬、穿山甲等；鸟类有叶鸭、白头翁、金丝禾谷、画眉、相思雀、雉鸡、银鸡等，其中不少属于国家保护动物。两栖爬行类有大头龟、金钱龟、大壁虎（即蛤蚧）、大鲵、蟾蜍、泥蛙及各种蛇类。

南岭独特的物产资源带给了瑶民特色的生活习惯。为了适应南岭不同的地势、地貌、植物、动物等自然资源，南岭各地区瑶族同胞的生产和生活习惯形成了一些差别，也形成了不同的瑶族支系，具体体现在他们不同的服饰、饮食和居住形式等物质生活方式上。瑶族服饰样式多姿多彩，男子上衣主要有左大襟和对襟两种，裤子长短不一，以蓝黑色家机布为主。妇女服饰各地不一，有的穿长衫长裤，有的穿短衣百褶裙，头缠黑色或白色的绣花巾，束腰带，上衣、裙、裤、头巾、腰带均绣彩色花纹，饰耳环、手镯、银牌。瑶族食物以大米、玉米、红薯为主。桂北瑶族盛行"打油茶"，大瑶山瑶族喜欢腌制"鸟酢""兽肉酢"，有的瑶族腌制熏干的猪肉和牛肉。瑶族村寨规模小，多则几十户，少则三五户，房屋多为竹木结构，也有土筑墙，上盖瓦片，一般分为三间，中为厅堂，两侧为灶房和火堂，后作卧室和客房。

随着乡村旅游业的不断壮大与发展，南岭瑶族聚落丰富的植被、野生动物、民族服饰、饮食和民居建筑演变而成了可供开发和利用的旅游资源，并吸引了大批游客前来观赏、游览和体验。与此同时，瑶族村寨建设进一步完善了村中的基础设施，村寨交通便捷，卫生情况得到改善，村中居民逐步开始进行旅游业的经营，为游客提供吃、住、行、游、购等旅游服务。

2. 聚落精神文化基因演变

瑶族有着古老悠绵的民族历史文化和绚丽多彩的民族风情。瑶族民间文学十分丰富。在瑶族民间最重要的历史文献中记述着一个极为重要的内容，即盘王传说。[1] 南岭瑶族还拥有大量的节庆活动、历史文物、民风民俗等特色民族文化。这些都为现如今南岭瑶族聚落发展乡村旅游奠定了坚实的文化基础。

3. 聚落制度文化基因演变

南岭瑶族同胞生活在偏远的山区，他们根据南岭物质文化和精神文化的生产与生活背景，在瑶寨中形成了对生产、生活独特认识的各种社会关系和规范

---

[1] 肖玉青. 瑶族的民间信仰 [J]. 文史月刊，2012（6）：66-68.

的社会组织机构和规章制度,就是南岭的制度文化,如瑶老制、石牌制等。随着社会经济的不断发展,瑶族地区也逐渐步入商品经济形成了瑶寨商品经济的制度文化。在商品经济时代,瑶民在商品交换和以劳获酬方面建立起自有的价值观。[1] 随着乡村旅游业的发展,瑶民的旅游商品意识得到进一步提高,在瑶族村寨中,瑶民通过为游客提供旅游服务或商品获取相应的报酬和利益。当前南岭瑶寨地区拥有大量乡村旅游瑶族村寨,为其经济的发展带来了很大的动力。

4. 聚落行为文化基因演变

瑶族民风淳朴、邻里和睦,社会经济发展的同时也带动了当地文明礼仪的不断进步。旅游开发前,少数民族地区自给自足的传统小农生产方式带给瑶寨的是相邻共居、守望相助,形成彼此亲如一家的传统的社会生活网络。乡村旅游的开发将居民的日常生活、劳动以农家乐的形式展示给游客。瑶族同胞在提供旅游服务的过程中,只有不断学习相关技能,提高自身素养,主动与游客进行交流,充分地将瑶族文化展示出来,才能在乡村旅游开发中获得更多的关注,在旅游市场竞争中获得优势。旅游开发使得瑶族居民的热情好客得到进一步展现,友好热情的氛围成为游客对民族村寨的主要印象。瑶族同胞的行为文化基因在乡村旅游开发的过程中不断地发生改变。

3.2 聚落文化基因的梳理原则

3.2.1 游客感知原则

作为人类心理过程的一部分的感知、想象、记忆和思维等共同构成人类完整的心理活动过程。旅游感知也是如此,游客通过感知获得旅游过程中旅游对象、环境等带给人们的心理感受,可以说,旅游感知影响着人们

---

[1] 卢万兵. 加快瑶族地区商品经济发展步伐 [J]. 学术论坛, 1985 (5): 33-34.

的旅游行为。[①] 游客在旅游体验中感知到的、接触到的一切产品与服务，都会在游客头脑中形成一个基于心理体验的价值判断，得出旅游体验是高于预期还是低于预期的总体感知结果，游客也会在此基础上得出对旅游地旅游产品的认知和评价，进而影响游客满意度与忠诚度。[②] 瑶族村寨旅游项目的开展，一是依托瑶族村寨当地的青山绿水式良好的生态环境；二是依托当地瑶族居民在村寨环境的生产、生活中所展现出来的特色鲜明的民族建筑、民族饮食、民族节庆、民族风俗等文化内涵。基于此，对于瑶族村寨旅游项目的开发需要了解旅游客源市场即游客对民族村寨及民族当地旅游产品的感知，了解游客对瑶族村寨及民族当地旅游产品的偏好，尤其是考察影响游客对瑶族村寨生态环境及文化组成因素的偏好，将有助于提升游客满意度、忠诚度及重游率。瑶族村寨对游客的吸引力的核心所在就是民族的村寨文化，只有从游客视角挖掘、开发有文化内涵的旅游项目，才能保持民族村寨对游客的吸引力，才能发展瑶族村寨的旅游业，才能提高瑶族村寨当地居民的收入，才能实现瑶族村寨减贫增收的目标。

3.2.2 消费者偏好原则

旅游偏好简单来说是游客需求的外在表现，是一种心理倾向，它以人们的个人偏好和对旅游产品的以往经验感知或外在评论为基础。[③] 相对于民族村寨的游客而言，随着社会经济的发展，高速公路线路的拓展延长，我国家庭汽车保有量的不断增多，自驾游已成为中国居民家庭旅游的新常态。旅游产品日新月异，旅游项目开发遍地开花，而具有明显村落地域边界、文化习俗边界的瑶

[①] 李永乐，陈远生，张雷.基于游客感知与偏好的文化遗产旅游发展研究：以平遥古城为例[J].改革与战略，2007（12）：123-126.

[②] 高明.游客感知价值、游客满意度和行为倾向的关系研究述评[J].江西农业大学学报（社会科学版），2011，10（3）：135-143.

[③] 梁江川，张伟强.基于活动偏好市场细分的旅游产品谱系开发：以开平碉楼世界文化遗产为例[J].旅游学刊，2009，24（9）：36-42.

族村寨的村落文化是依托瑶族村寨的居民生产、生活的一系列活动开展的，它们具有不可移动性和不可复制性，它们是旅游客源市场的核心吸引力。因此，南岭瑶寨聚落文化的梳理要牢牢把握这个文化核心，选择游客偏好度较高的聚落文化，才能开发出游客喜好的文化旅游产品和项目，以此保持民族村寨旅游发展的活力。

3.2.3　文化主体参与原则

瑶族村落文化是村寨中世代保留下来的民族文化，是一种活态文化。[1] 瑶族村寨文化中的活态文化是生于斯、长于斯、发展于斯的少数民族群众生产、生活中传承并保留下来的民族文化精神。一方面，瑶族村寨的少数民族群众是文化资源的所有者；另一方面，他们又是文化资源的创造者。在瑶族村寨旅游开发过程中，在游客感知、欣赏、惊叹民族文化过程中，无不见到他们的身影。若不发动当地少数民族群众积极主动地参与到文化开发、保护与传承过程中，瑶族村寨旅游项目的开发就缺少了地气，缺少了活态文化灵动的主体。在市场化经济发展的旅游过程中，没有照顾到少数民族群众利益诉求，也将压缩瑶族村寨的旅游发展空间，给瑶族村寨的旅游带来不安稳的隐患。

3.2.4　可持续发展原则

随着现代旅游业的快速发展，旅游既是人们追求精神享受的重要方式，又是促进旅游地经济增长的重要途径。南岭瑶族聚落最具优势的资源即是他们极具娱乐和表演性质的民族文化、民风、习俗，如民族节日、民族礼仪、民族歌舞等。因而在南岭瑶族聚落文化的开发过程中要防止对民族文化的过度开发，避免为迎合旅游者口味而对民族文化过度提炼、夸张表演，要重视民族文化的独特性和稀缺性。[2] 同时还要充分创造保护瑶族聚落文化的条件和措施，注重其传承、传播与可持续发展。

---

[1]　胡彬彬，吴灿.中国村落文化研究现状及发展趋势[J].科学社会主义，2014（6）：99-104.
[2]　曾美海，杨娴.民族文化资源开发中的底线思维[J].中华文化论坛，2015（10）：132-134.

3.3 南岭瑶寨聚落文化基因的作用

聚落是在经济、社会、文化等因素共同作用下发展起来的，作为人类生产生活的空间系统，聚落中的点点滴滴都是聚落文化基因作用的痕迹。我国的瑶族聚落多分布在南岭一带的大山之中，落后的交通形成了封闭的环境，使得南岭瑶族的聚落文化得到了较好的保存。由于聚落空间受地方自然环境、生产生活、经济发展和当地村民特有的风俗习惯等文化基因的影响，南岭瑶寨聚落形成了独特的物质文化和非物质文化特征。在经济的飞速发展下，交通的便利使得原本封闭的聚落与外界的交流越发频繁。外来文化入侵等因素使得文化基因在传播的过程中发生片段的遗失，或被人们有意识的调整和改良，从而导致聚落文化基因产生变异。这种变异可能为文化基因赋予了更强的生命力和更丰富的文化内涵，但同时也可能因为文化基因的缺失而使得传统聚落丧失其原有的聚落文化，传统聚落文化的保护与传承将面临巨大的挑战。聚落文化基因的作用与生物学上基因的作用相似，其决定了地方物质文化、精神文化、制度文化和行为文化的形成与发展。传统聚落的发展是由自然演变到规划建设的过程，其实质便是聚落文化基因综合作用的结果。在聚落的发展中，通过对原有文化基因的传承和新文化基因的融合，使聚落文化得以传承和发展。

3.3.1 物质文化基因的作用

物质文化基因构成了聚落空间的具体形态。南岭瑶寨的物质文化基因主要指自然环境、建筑、农产品、服饰、饮食、交通、生产工具、工艺品等，其共同构成了独特的瑶族聚落。物质文化基因是瑶族聚落的外显形态，是文化景观基因的物质表现形态。南岭瑶族地区拥有独特的物质文化基因，如与山水相衬的村落布局、与自然环境相协调的干栏式建筑、精美的装饰物和艺术品以及美味的特色饮食等。这些不同的物质文化基因之间通过不同的组合方式，形成独具特色的聚落景观。

3.3.2 精神文化基因的作用

精神文化基因构成了聚落空间的意象和氛围。南岭瑶寨的精神文化基因主要指民风民俗、节庆、信仰、歌舞、艺术、民族意识形态等，精神文化基因作为一种力量，是一个民族的精魂所在。精神文化基因往往只能通过感官感知，如当地人民族性格、风俗习惯、宗教信仰、道德情操、价值观念，以及在历史长河中，在民族发展过程中，沉淀在南岭瑶族地区人们的民族文化、历史底蕴、精神面貌、生活习惯等形成的文化氛围也是精神文化基因的重要组成部分。精神文化基因可谓南岭瑶族地区瑶民赖以存续和发展的灵魂和精髓所在。

3.3.3 制度文化基因的作用

制度文化基因是促进聚落空间的商业经济发展，增强社会凝聚力的产物。制度文化基因是人类生存和发展的规范体系，有效的制度文化是维持秩序的有力支撑和重要保障，其很好地规制了人们的行为。制度文化一方面构成了人类行为的习惯和规范，另一方面也制约或主导着精神文化与物质文化的变迁。南岭瑶寨的制度文化基因是聚落文化在长期的社会实践基础上所积累、传承和创造的文化，它将国家、社会相关的政治、经济、社会、政策、法规等内化为维持聚落文化自身调控、管理和发展的各种规范体系。南岭瑶寨的制度文化基因主要包括支持与发展商品经济、商品化服务产业的各种规章制度、群体道德规范、行为规范等。

3.3.4 行为文化基因的作用

行为文化基因构成了聚落空间的社会交际行为。行为文化指人类在生产生活中所创造的有价值的、促进人类文明和社会发展的经验及活动。南岭瑶寨的行为文化基因主要表现形式为聚落文化中受民族文化性格影响，潜移默化形成的少数民族的行为习惯。它具有鲜明的民族特色和地域特色，在生产、生活实践中，处理个人与他人、家庭与群体之间的方式与行为，如文明礼仪、接人待客等。南岭瑶族地区的瑶民普遍存在为人淳朴、热情好客的特性，在与人交往中给人留下了很好的印象，同时也影响着他们的下一代。一个民族的文化素质、精神面貌等直接关系该民族未来的发展。

3.4 南岭瑶寨聚落文化基因梳理

乡村性和文化性是乡村聚落旅游研究的重点。乡村旅游经营者应该从游客需求的角度来看待乡村旅游文化的价值，真正做到从游客的角度出发去挖掘和开发乡村旅游文化产品。当然，在游客感知及乡村旅游文化的研究方面还存在一定的缺陷，我们还有很多问题需要进一步的探讨。

从大多数学者的研究中发现，文化的结构由物质文化、精神文化、制度文化和行为文化等4个层次组成，这4个层次是一个既有其相对独立性，又彼此相互依存和相互制约的有机联系的文化整体。[1] 对于乡村文化，学者们有着多种多样的解释。乡村文化是乡村居民与乡村自然相互作用过程中所创造出来的所有事物和现象的总和。[2] 本研究认为乡村文化是"所有实物和现象的总和"，即是物质文化、精神文化、制度文化和行为文化，是乡村旅游中游客感知到的当地自然环境与人文环境综合作用下的文化氛围与体验。本研究将从文化四元结构出发对南岭瑶寨乡村旅游发展进行研究。

《文化与社会人类学引论》一书中提到，文化被视为一个"期望系统"（a system of expectations），强调的是文化在其持有者的眼中比行动本身具有更多的语义，在构成社会生活的精细的予取过程中，我们总是通过所期望的其他人或相关人的反应来修正和形成自己的行为。[3] 同时在文化四元

---

[1] 赛江涛，乌恩.乡村旅游文化内涵的界定［J］.河北林果研究，2006（3）：343-345、353.

[2] 张艳，张勇.乡村文化与乡村旅游开发［J］.经济地理，2007（3）：509-512.

[3] 罗伯特·F.墨菲.文化与社会人类学引论［M］.王卓君，译.北京：商务印书馆，2009.

第 3 章　南岭瑶寨聚落文化基因的梳理

结构理论的指导下，以乡村旅游可持续发展的出发点，从游客感知视角，将民族村寨聚落文化基因梳理由 4 个主基因组成，分别为物质文化基因、精神文化基因、行为文化基因、制度文化基因，每个主基因下还有 22 个二级文化基因，这 22 个聚落文化基因在物质形态上分别指向的是在某一特定民族村寨这一范围内容形成的特定的景色、景观和景象，如表 3.1 所示。民族聚落文化基因路径如图 3.1 所示。

表 3.1　民族聚落文化基因详解

一级指标	二级指标	说明
聚落物质文化基因	聚落自然生态文化基因	自然山水、气候、风景、植被、地质地貌、空气质量等综合因素
	聚落农业种植文化基因	农业种植的特色品种、规模等形成的因素
	聚落特色建筑文化基因	使用当地特色的建筑材料修建的蕴含民族智慧、美学和风俗的生产、生活、居住的建筑物和构筑物
	聚落特色服饰文化基因	反映民族生计、生活、节庆方式的头饰、服饰、包饰、装饰物等
	聚落特色饮食文化基因	具有民族地方特色的饮食习惯、饮食方式、饮食风俗、饮食品种等
	聚落地方交通文化基因	以入村公路已硬化为标准，方便小汽车进入，村寨可进入性便利
	聚落环境保护文化基因	村寨环境保护的标语、警示牌、垃圾桶等
	聚落卫生整洁文化基因	村民已建立卫生文明意识，村寨卫生有专人负责，有专人清扫
	聚落旅游购物服务基因	游客可以在村寨购买到吃、住、行所需要的日常生活用品
	聚落购物纪念品文化基因	已有旅游纪念品的买卖活动和场所
聚落精神文化基因	聚落节庆活动文化基因	当地有固定时间的民族节庆活动
	聚落娱乐项目文化基因	当地有娱乐村民与游客的活动项目
	聚落歌舞表演文化基因	已将民族歌舞以舞台剧的形式展现出来
	聚落宗教信仰文化基因	少数民族群众生产、生活中表现出来的宗教信仰
	聚落民风民俗文化基因	民族节庆活动中展现出来的特定的行为规范和行为模式
	聚落艺术形式文化基因	少数民族群众创造的具有审美特性的生产、生活的建筑，文字、书画等产品
	聚落历史遗存文化基因	历史长河中民族留存下来的文物、古迹、书籍、字画、族谱等
	聚落民族意识文化基因	少数民族群众在与游客交往过程中体现的民族自我认识、自我认感等

续表

一级指标	二级指标	说明
聚落制度文化基因	聚落居民商品经济意识文化基因	少数民族群众在旅游商品生产和交换过程中具有经济意识，以商品好坏论价钱，以劳动多少付出论酬劳
	聚落服务产业商品化文化基因	少数民族群众在旅游活动中以提供商品为手段，以营利为主要目的的表现
聚落行为文化基因	聚落居民文明礼仪文化基因	少数民族群众与游客友好相处，注重文明礼貌
	聚落居民友好待客文化基因	少数民族群众热情待客

从游客视角来看，这22个文化基因是他们对瑶族聚落文化最直接的感官的理解。首先，这些指标的构建是在文化的四元结构中体现，从系统层面有层次地构成了文化的整体概况。其次，在民族聚落物质文化基因中，这些是物质化的文化基因，是文化的外显层面突出的表象，集中表现在瑶族聚落对游客的最直接的吸引力项目上，即瑶族村寨良好的自然风光和生态环境，以及在他们生产、生活当中能够以物质形态表现出来的，能够让游客看到、闻到、尝到、感受到的房屋建筑、服饰、饮食、纪念品、环境等。在民族聚落精神文化基因中，它能让游客切身感受、参与其中，并从中体会到少数民族群众在村寨中生活的快乐。民族聚落制度文化基因是游客在旅游过程中，在与当地少数民族群众的接触中感受到当地市场化意识发展程度、民风淳朴程度。民族聚落行为文化基因则反映的是在民族村寨这个旅游场域中，游客与当地少数民族群众互动的良好情况，少数民族群众是否友好、民族团结和谐氛围营造如何。最后，这些文化也是民族聚落文化具体外化的表现形式的组成部分，即是游客的感知系统中的重要组成部分，游客的反映也会积极地投射到民族村寨少数民族群众在生产和生活形成的行为习惯当中。在文化期望系统下，会对当地少数民族群众的行为起到规范和约束作用，因为这些指标的好坏直接影响了游客对民族聚落文化的印象与好感，也直接影响到游客的评价、满意度、重游率，最终影响到民族村寨旅游发展的可持续性。

第3章　南岭瑶寨聚落文化基因的梳理

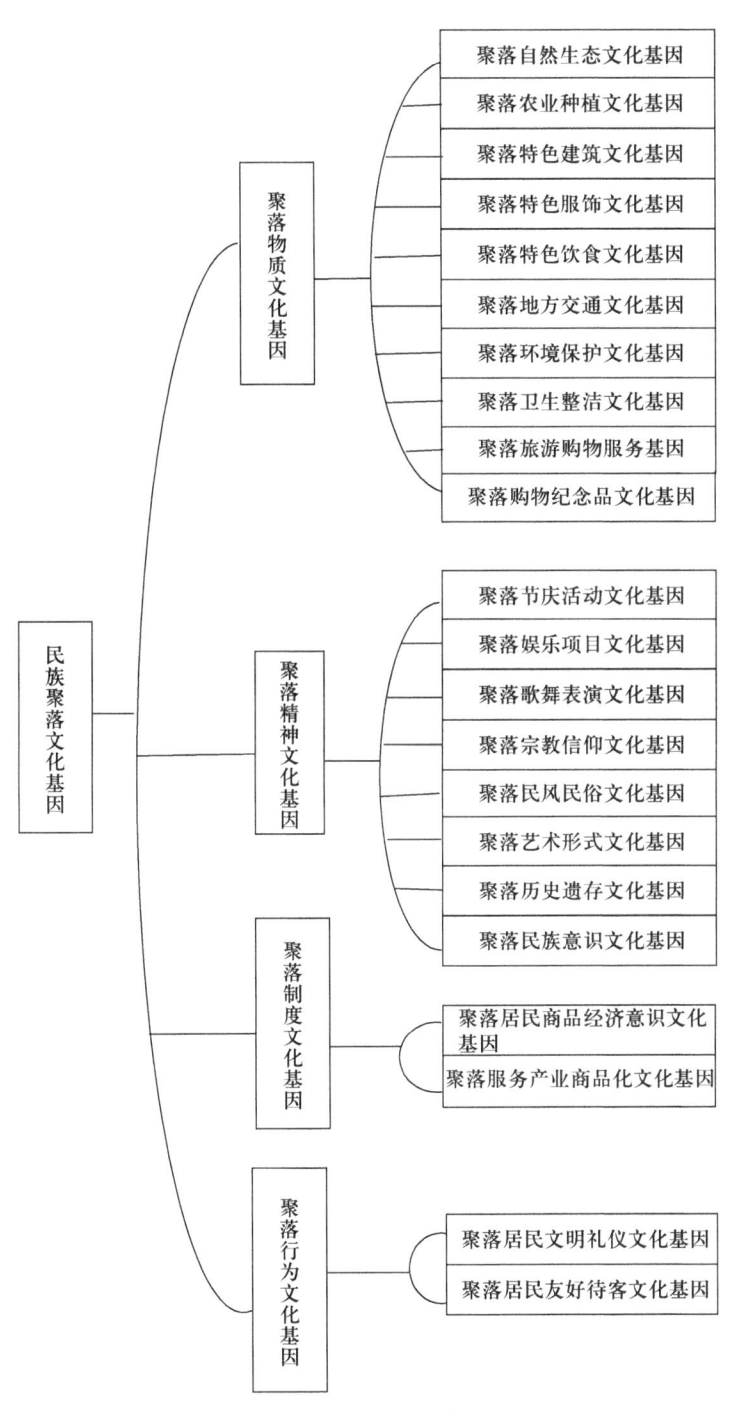

民族聚落文化基因
- 聚落物质文化基因
  - 聚落自然生态文化基因
  - 聚落农业种植文化基因
  - 聚落特色建筑文化基因
  - 聚落特色服饰文化基因
  - 聚落特色饮食文化基因
  - 聚落地方交通文化基因
  - 聚落环境保护文化基因
  - 聚落卫生整洁文化基因
  - 聚落旅游购物服务基因
  - 聚落购物纪念品文化基因
- 聚落精神文化基因
  - 聚落节庆活动文化基因
  - 聚落娱乐项目文化基因
  - 聚落歌舞表演文化基因
  - 聚落宗教信仰文化基因
  - 聚落民风民俗文化基因
  - 聚落艺术形式文化基因
  - 聚落历史遗存文化基因
  - 聚落民族意识文化基因
- 聚落制度文化基因
  - 聚落居民商品经济意识文化基因
  - 聚落服务产业商品化文化基因
- 聚落行为文化基因
  - 聚落居民文明礼仪文化基因
  - 聚落居民友好待客文化基因

图 3.1　民族聚落文化基因路径

069

3.5 南岭瑶寨聚落文化基因均值的计算与评价

3.5.1 均值的特征

南岭瑶寨聚落文化由多个聚落文化基因组成，我们通过计算每个聚落文化基因的均值了解"期望系统"下的游客对各南岭聚落文化基因的认知，如公式 3-1 所示。

$$\overline{X} = \frac{1}{n}\sum_{i=1}^{n} X_i \qquad (3-1)$$

均值中的 $\overline{X}$ 表示游客对每一个南岭瑶寨聚落文化基因评价的平均分，X_i 代表着指标层中同一个南岭瑶寨聚落文化基因各位游客对其评价的分值，即游客的打分；且 n 即为评价过程中采集数据的游客数量。

当获得了游客对各个南岭聚落文化基因均值后，再分别计算南岭瑶寨聚落物质文化基因、精神文化基因、制度文化基因、行为文化基因层面各个类型聚落文化基因的均值，如公式 3-2 所示。

$$\overline{X}_j = \frac{1}{m}\sum_{p=1}^{m} \overline{X}_p \qquad (3-2)$$

均值 $\overline{X}_j$ 代表的是一级指标中游客对某个类型的南岭瑶寨聚落文化基因评价的平均分，$\overline{X}_p$ 代表着一级指标中对应的二级指标层中各个南岭瑶寨聚落文化基因的均值，即游客的打分的平均数；且 m 即为各一级指标中包含的南岭瑶寨聚落文化基因的数量。

诸如 $\overline{X}_{j1}$ 代表的是南岭瑶寨聚落物质文化基因的均值，计算南岭瑶寨聚落物质文化基因的均值如公式 3-3 所示。

$$\overline{X}_{j1} = \frac{1}{10}\sum_{p=1}^{10} \overline{X}_p \qquad (3-3)$$

$\overline{X}_p$ 代表的是对应南岭瑶寨聚落物质文化基因下二级指标层中各个南岭瑶寨聚落文化基因的均值；且 $m=10$，即为一级指标中包含有 10 个南岭瑶寨聚落物质文化基因。

3.5.2 均值的评价

评价指标体系一共有 22 个指标，采用李科特 5 级量表制定评价标准等级，将效果等级规整为五个，每个等级间距为 1 分，等级类型分别为：非常差、比较差、一般、比较好、非常好，每个南岭瑶寨聚落文化基因对应的等级均值如下表 3.2 所示。

表 3.2 南岭瑶寨聚落文化基因评价等级划分

等级类型	非常差	比较差	一般	比较好	非常好
$\bar{X}$值	$0 \leqslant \bar{X} \leqslant 1.00$	$1.01 \leqslant \bar{X} \leqslant 2.00$	$2.01 \leqslant \bar{X} \leqslant 3.00$	$3.01 \leqslant \bar{X} \leqslant 4.00$	$4.01 \leqslant \bar{X} \leqslant 5.00$

当南岭瑶寨聚落文化基因均值在 4.01–5.00 时，意味着在游客的眼中，该南岭瑶寨聚落文化基因的展现非常好，乡村旅游与当地聚落文化基因融合度高，能够为南岭瑶寨经济、社会、文化、环境等方面带来显著的影响和效益。

当南岭瑶寨聚落文化基因均值在 3.01–4.00 时，意味着在游客的眼中，该南岭瑶寨聚落文化基因的展现相对比较好，乡村旅游与当地聚落文化基因融合较好，能够为南岭瑶寨经济、社会、文化、环境等方面带来一系列有益的影响和效益。

当南岭瑶寨聚落文化基因均值在 2.01–3.00 时，意味着在游客的眼中，该南岭瑶寨聚落文化基因的展现处于一般到较好的发展过程中，乡村旅游与当地聚落文化基因融合一般，但仍能够为南岭瑶寨经济、社会、文化、环境等方面带来一定的影响和效益。

当南岭瑶寨聚落文化基因均值在 1.01–2.00 时，意味着在游客的眼中，该南岭瑶寨聚落文化基因的展现处于比较差的程度，乡村旅游与当地聚落文化基因融合不算好，能够为南岭瑶寨经济、社会、文化、环境等方面带来的影响和效益不明显。

当南岭瑶寨聚落文化基因均值在 0-1.00 时，意味着在游客的眼中，该南岭瑶寨聚落文化基因的展现处于非常差的程度，乡村旅游与当地聚落文化基因融合不好，能够为南岭瑶寨经济、社会、文化、环境等方面带来的影响和效益非常不明显。

第4章 南岭瑶寨聚落乡村旅游发展概况

4.1 南岭瑶寨聚落地理特征

4.1.1 南岭地理区划范围明显

南岭是中国南部最大山脉和重要自然地理界线，它与南北分界线秦岭（也称北岭）相对应。位于中国湖南省（湘）、江西省（赣）、广东省（粤）、广西壮族自治区（桂）4省（区）边境，约北纬24°00′~26°30′，东经110°~116°，东西长约600千米，南北宽约200千米。[①]南岭山势复杂，是呈带状分布且走向错乱的山簇群，最高峰是在西部越城岭上的猫儿山，海拔2412米。此外，南岭也称五岭，从广义上来讲，南岭还包括广西的最高峰猫儿山，越城岭和都庞岭之间的海洋山，湖南宁远的九嶷山，湖南临武县以北的郴州香花岭，韶关北部的大瑶山和蔚岭，韶关东北部跨赣州南部全南县的青云山脉（主峰在两省边界上）以及赣粤边界的九连山等。[②]综合《广州记》《南康记》《舆地志》《水经注》诸家所讲，商务印书馆出版的《新体中国地理》（1913年版）对五岭的描述为："自越城岭而东，横嶂南境，与两广分界。最著者曰萌渚岭、越城岭、都庞岭、骑田岭。又东与大庾岭相续，即所谓五

[①] 吴忠军，邓鸥.南岭民族走廊贫困现状与扶贫开发研究[J].广西民族研究，2014（6）：136-146.
[②] 田园，龚粤宁.南岭华南物种进化中心[J].森林与人类，2014（10）：18-24.

岭也。"五岭的具体位置如下。

越城岭：位于现在广西兴安县的北面，是从湖南进入广西的重要交通道路。在越城岭，依然保存有严关和秦城遗址。

都庞岭：位于现在湖南永州蓝山县的南面，广东连州市的北面，广西桂林灌阳县和湖南永州江永县之间。都庞岭是从湖南进入广东的要道，秦时的湟溪关就在都庞岭上。

萌渚岭：位于现在的湖南永州江华瑶族自治县和广西贺州八步区、钟山二县区的北面，是从湖南进入广西的交通道路。

骑田岭：位于现在的湖南郴州市区和宜章县之间，是从湖南进入广东的交通道路，秦时的阳山关就在骑田岭上。

大庾岭：位于现在的江西大余县的南面，与广东省南雄市毗邻，是从广东进入江西的交通要道，秦时的横浦关就在大庾岭上。

南岭山脉包括的大小山岭不计其数，实际上它起自云南云岭，向东进入贵州苗岭、两广、湖南、江西、福建等省边界，最终东达于海，史书上只列举南岭的五大代表性山脉，可能与秦军当时的进军路线相关。[①]

南岭这样的地理区位即使来自东南海洋的暖湿气流受阻于此，又使北来寒潮阻滞或延缓南下，因而南岭南北气温差异较大，南面气候常年温暖，而北面四季分明，处于中亚热带向南亚热带过渡地带，冬季寒冷飞雪，素有"南枝向暖北枝寒，一股春风有两般"（大庾岭的梅花）的明显气候差异，形成我国别具一格的分界线（自然地理与农业生产）。[②]

俗话说"南岭无山不有瑶"，在广西境内的瑶族，也因其分布地域不同，生存环境不同，造就了其不同的农业生存背景和文化的差异。本研究重点在于探究南岭地域范围内，旅游业发展已经具有一定规模的瑶寨聚落文化的组

[①] 黄现璠，黄增庆，张一民.壮族通史［M］.南宁：广西民族出版社，1988.
[②] 中国科学院、国家计划委员会自然资源综合考察委员会南岭山区科学考察组.南岭山区自然资源开发利用［M］.北京：科学出版社，1992.

成部分及其背后所蕴含的文化价值。

4.1.2　南岭自然资源丰厚

南岭地区矿产资源极其丰富，是世界上罕见的有色金属、稀土金属和稀有金属成矿区，故而南岭山区多矿藏，尤以钨、锡、铝、锌等有色金属著称。南岭成矿带延伸范围较广，东起福建，经南岭山区到贵州、云南，全长千余公里，是我国最大的构造成矿带，属环太平洋钨锡成矿带的重要组成部分。经过检测与探索，已经确定有包含12处大型锡矿床和8处铅锌矿床的各大中矿床260余处。南岭矿产数量多、范围之广的原因与各时代的地层岩性、构造运动、岩浆活动、变质和风化过程是分不开的。因为这些矿产的成矿母岩是花岗岩，所以南岭的山体多由花岗岩体构成。南岭的山谷多由红色矿岩或青色的灰岩等软弱性基岩构成，由于南岭地区处于亚热带地区，其侵蚀痕迹明显，气候呈现高温多雨的特征，雨水侵蚀使得谷地红色矿岩出现赤壁红岩。这种景色在粤北的丹霞山呈现的特征最为显著，因而地质学家将其称为丹霞地貌。这种地貌是基于红色矿岩的，如果是石灰岩的话，则雨水侵蚀形成的地貌为以前南斯拉夫的地名——喀斯特地貌，其地貌特征是群峰林立、洞穴天成。[①]南岭山区与盆地并存，西段盆地多以喀斯特地貌为主，而东段则以丹霞地貌显著。

除矿产资源外，其植物资源也十分丰富。植物区系是指某一地区，或者是某一时期，某一分类群，某类植被等所有植物种类的总称。南岭植物资源非常丰富，是中国14个具有国际意义的陆地生物多样性关键地区之一。地史上南岭属于华南地区的一部分，植物区系的起源古老、历史悠久，不仅保存了大量的孑遗植物和特有类群，还是很多科属植物现代起源和演化的中心之一。目前世界上与南岭同纬度的地区大多是稀树草原或热带沙漠，而南岭由于独特的气候条件，仍保存着同纬度面积最大的亚热带常绿阔叶林、针阔叶混交林、针叶

---

① 周国逸，张虹鸥，周平.南岭山地的多学科综合研究价值［J］.热带地理，2018，38（3）：293-298.

林和山顶矮林等各种森林植被类型，其中包括大面积罕见的原始森林。[1]

南岭充足的植被资源与适宜的气候造就了丰富的生物资源，成为我国亚热带地区天然珍贵的物种宝库之一。数万年前，特别是在第三纪和第四纪冰川时期，处在冰川冰线上的南岭成为众多野生动物和孑遗植物的避难所，来到这里的也包括大量北方喜温的物种，使得南岭地区生物资源变得极其丰富，进而成为近代亚热带、热带的植物发源地与核心地带。同时，南岭地区也是生物多样性和物种的进化中心，兽类（华南虎、云豹、麝、灵猫、穿山甲等）、鸟类（叶鹎、金丝禾谷、雉鸡、画眉等）、两栖爬行类（金钱龟、蟾蜍、大壁虎、泥蛙及各种蛇类）等动物共同构成了南岭地区丰富多样的野生动物群。

4.1.3 南岭人文资源历史悠久

南岭在历史发展进程中除了是地理和气候屏障之外，更多的是我国南北地区和海外政治、文化交流的中心。

南岭地区有较长的开发历史。早在旧石器时代，人类已经在这块土地上繁衍生息，并能制造石器和陶器。西周战国时代，人们已经开始使用飞禽走兽文饰铜制器皿。秦始皇为打破南北隔阻，征服越族，令戍卒于公元前217年至公元前214年修建连接湘、漓二水的灵渠，并沿五岭开辟峤道。汉武帝元鼎五年（公元前112年），遣兵分五路攻击南越，元鼎六年（公元前111年）置苍梧、桂林等郡，管辖五岭西部的广大地区。至此，南岭地区完全与中原地区联通，成为中原各省通向岭南的交通要道。[2]

南岭地区的文化积淀始自远古人类的文化创造，一系列的考古发掘证明，南岭-珠江流域是远古人类频繁活动的区域。在中国历史上著名的遗址主要有广东曲江马坝狮头峰石灰岩洞古文化遗址、广西柳江县通天岩柳江人遗址、

---

[1] 王发国，陈振明，陈红锋等.南岭国家级自然保护区植物区系与植被[M].武汉：华中科技大学出版社，2013.

[2] 周生来.关于建立南岭地区瑶族文化生态保护区的思考[J].民族论坛，2013（12）：23-27.

来宾市麒麟山人遗址、桂林宝积岩人和甑皮岩人遗址、柳州市郊白莲洞人古文化遗址。[①] 著名考古学家苏秉琦先生认为，中国国家的起源和民族文化的发展在古文化、古城的基础上，大体经历了"古国—方国—帝国"的"发展三部曲"。[②] 郑超雄先生认为：华南壮族地区见诸文献记载的最早的古国是苍梧古国。"苍梧古国与中原华夏集团的尧、舜古国同时存在。苍梧古国的分布范围主要在湖南湘江流域及南部地区、广东的北部和西北部、广西的西北部和东部地区。"[③] 同南岭民族的分布范围大致相符。

除此之外，历史上提到南岭的佳作也是多不胜数。《史记·张耳陈馀列传》中的"北有长城之役，南有五岭之戍"；《汉书·张耳传》作"五领"，颜师古注引邓德明《南康记》中的"大庾领一也，桂阳骑田领二也，九贞都庞领三也，临贺萌渚领四也，始安越城领五也"；晋人陆机的《赠顾交阯公真》诗："伐鼓五岭表，扬旌万里外"；毛泽东的《长征》："五岭逶迤腾细浪，乌蒙磅礴走泥丸。"红军走过的路并非平常之路，都充满了艰难险阻，可见五岭的巍峨与磅礴气势。

4.1.4 南岭民族风情异常浓郁

中国少数民族中的瑶族是被誉为"东方的吉卜赛"的世界性民族。他们是中国所有少数民族中迁徙时间最长、迁徙次数最多、迁徙范围最广、同时也是民族特色最鲜明、最完整的民族。他们大多分布于南岭一带，包括广东乳源、连南、连山瑶族自治县，湖南江华瑶族自治县以及广西的富川和金秀瑶族自治县等，一些瑶族自治乡分布更为密集，因而将南岭的一条位于广西境内的余脉称之为大瑶山。[④] 广西瑶族人口有152.8万人，占广西全区总人口

---

① 覃德清，杨丽萍.南岭民族走廊文化积淀与审美人类学研究的拓展[J].文化遗产，2009（3）：111–117.
② 苏秉琦.中国文明起源新探[M].北京：生活·读书·新知三联书店，1999：145.
③ 郑超雄.从古国到方国：壮族文明起源的新思考[J].广西民族研究，2003（4）：60–68.
④ 余达佳，覃乃昌.费孝通先生视察南岭瑶族地区谈话要点[J].广西民族研究，1989，（2）：1–5.

的 3.06%，占全国瑶族人口的 62%。[①]

瑶族因聚居在南岭山区而被称为中国的高山民族，享有同样称誉的还有汉族的客家人。大多数人所认为的客家人的聚居地——福建、广东、江西三省交界的山区是按人口密度来讲的，从范围上来讲，客家人最大的聚居区应该是南岭。客家人是先从三省交界处的山区开始迁移，沿南岭向西直到我国的西南、东南亚和海外的。选择这样的迁徙方式大致有以下三个原因：首先，客家人的老聚居区属于山区且面积狭小，出于容纳更多的人口而向外迁移；其次，南岭常年温暖，有丰富的动植物资源供客家人食用；最后，是南岭山区的气候环境适合瑶族人与客家人居住，且瑶族人居住山上，客家人在山下，同是高山民族，相处和睦。

他们的共同点还在于其生活方式和语言，南岭虽地处四省交界之处，受语言环境影响较大，但他们的语言都为客家话，在与外人交流时，他们无论是老人还是小孩都用一种具有北方语言特征的"官话"。[②]

南岭山区拥有历史悠久的民族文化与民族风情最主要的原因即为它是瑶族的聚居地，也可以说是发祥地。南岭山区与瑶族人相互依存、相互影响，南岭养育了瑶族人，瑶族赋予南岭鲜活的神韵。瑶族的风俗习惯有很多特别之处，不同支系和不同居住地的瑶族人在饮食、服饰等方面均有所区别。瑶族男子有左大襟和对襟两种上衣，裤子长度不一样，布料为蓝黑色家机布。瑶族妇女的服饰则更为多样，且都绣有彩色花纹，有长衫长裤，也有短衣百褶裙，头上缠着绣花巾（黑色或白色），腰上束绣有彩色花纹的腰带，除此之外，还有耳环、手镯、银牌等作为装饰。瑶族的饮食主要是大米、玉米和红薯，大多数瑶族人都有喝酒、吸烟的习惯。在桂北，瑶族人喜欢喝油茶，还腌制猪肉和牛肉等。瑶族人居住竹木结构（也有土筑墙，上盖瓦片）的房屋，内部一般分为厅

[①] 李肇隆. 瑶族民俗风情 [M]. 南宁：广西民族出版社，2012.
[②] 麻国庆. 南岭民族走廊的人类学定位及意义 [J]. 广西民族大学学报（哲学社会科学版），2013，35（3）：84-90.

堂（中）、灶房（旁）和火堂（旁），卧室和客房则在后面，由三五户到几十户不等形成一个规模不大的村寨。

瑶族民间文学十分丰富。《评皇券牒》——瑶族民间的重要历史文献，里面记载着盘王传说的内容：盘王在评王与高王打仗中咬杀了高王，立下了大功，评王便把自己的三公主许配给了盘王，并封盘王于会稽山石（十）宝殿（店）为王，后来盘王在打猎中坠崖而亡，盘王的后代就逐渐繁衍成了瑶族。在不同文献中盘王有着盘瓠、盘古、犬祖等不同称谓，但他们有个共同点，就是一致认为以狗作为盘王神体。跳盘王是盘王崇拜的礼仪形式，它包含图腾崇拜和祖先崇拜等。南岭地区将模仿狗的行为动作的舞姿展现在还盘王愿（或还祖宗愿）的活动中。后来，跳盘王还成了道教的还愿仪式。是否承认盘王子孙还被瑶族人作为在长期迁徙过程中追宗认祖的重要依据。在饮食、服饰、婚丧、节日等方面，瑶族人也表达着对狗的尊重，比如不吃狗肉，或把自家狗的生日刻在房屋中最明显的地方。由此可以看出，盘王是瑶族历史文化的主纲。除了《评皇券牒》外，包含独特民族特色的还有《盘瓠传说》《密洛陀》。在历史文献和神话之外，瑶族还保存有长歌代表作《盘王歌》、古歌、甲子歌、信歌等，以此作为他们爱唱歌的象征。

4.2 南岭瑶寨聚落乡村旅游发展的作用

4.2.1 南岭瑶寨聚落乡村旅游的特点

1. 资源多样性

南岭瑶寨乡村旅游资源丰富多样，瑶寨良好的生态环境、自然风光及瑶寨聚落形态、瑶族的民风民俗、瑶族的生活习性、瑶族的饮食文化等都形成了南岭瑶寨乡村旅游多样性的特点。南岭瑶寨乡村旅游的吸引力源自于瑶族文化与旅游者所属民族文化的差异性。因此，南岭地区瑶寨聚落的民风民俗、传统节日、民间文艺、工艺美术、民间建筑、婚俗禁忌、趣事传说等，对于城市游客来说，是具有极大的诱惑力和吸引力的。在南岭山区生活的瑶族同胞，因其生活地域、生产资料等获取的不同带来了瑶族同胞在生产方式、居住和服饰等方面的不同，也形成了各具特点的瑶族支系，如盘瑶、排瑶、过山瑶、高山瑶、红头瑶等。而节庆活动等又各具特色，形成丰富多彩的瑶族民俗风情，展现着南岭瑶寨民族文化的多样性。

2. 乡村性

乡村旅游区别于城市的特点，即乡村风土（乡村特有的地理环境）、风物（乡村特有的景物）、风俗（乡村特有的地方民俗）、风景（乡村可供欣赏的景象）等乡村风情。南岭瑶族地区，竹木叠翠、风景秀丽、民风朴素、建筑独特，形成了最可贵也最具吸引力的乡村生活和乡村环境。

3. 原真性

原真性体现在乡村旅游上是指旅游吸引物所具有的最原始的属性特征，未经后期不合理的人为改造且能激发旅游者产生旅游需求。衡量旅游吸引物的标准就是检验其原真性的强弱，是否保留了吸引物本身的风貌与象征意义。南岭瑶寨聚落生态环境良好，保留下来的瑶族聚落生活习俗体现着一种原始的风情韵味，这是瑶民历年生产生活变迁中留存下来的习俗，是真正乡村生活的体现。旅游者在乡村旅游的感受和体验中可得到对自身需求的极大满足。

4. 大众性

乡村旅游是一种大众性的旅游活动，发展乡村旅游是大势所趋，它的服务对象几乎覆盖所有的社会群体，城市群体是其主要客源。[①] 乡村旅游开发

---

① 王瑞花，张兵，尹弘.国外乡村旅游开发模式初探［J］.云南地理环境研究，2005（2）：73-76.

的项目一定是基于大众的消费水平和审美的,因为在乡村旅游过程中不仅是感受环境,更注重的是人与人之间的沟通与交流。由于南岭地区瑶族聚落本身景色宜人,城市居民追求的是农村居民最纯真的生活及乡村气息,因而在南岭山区发展乡村旅游并不要求大规模的投入与建设,可充分利用聚落旅游优势,通过聚落丰厚的地域空间资源和众多的无形资产,将现有资源略加整理开发便可经营。

5. 参与性

具有参与性旅游活动项目的乡村旅游才能更加受到游客的喜爱。瑶族聚落的乡村旅游要设计让游客能够参与其中的旅游项目,让游客真正体会到少数民族聚落乡村旅游的乐趣。诸如瑶族村民印染、挑花、刺绣、织锦、竹编等项目的设计,让游客在游玩过程中参与到瑶民生活当中,真正体验到少数民族聚落乡村旅游民族性和乡村性的特点。

6. 经济性

这里的经济性指的是游客的消费水平。南岭地区瑶族聚落的农民是乡村旅游的主要从业者与经营者。游客追求的休闲体验,即住在农家、吃在农家、娱在农家、享在农家的基本活动——吃、住、游、购、娱等环节都是在聚落旅游区发生,并不会产生过高的消费。另外,从游客的角度来看,在瑶寨聚落附近的城市居民参与乡村旅游的时间、交通等成本较低,经济限制性较小。

7. 低风险性

南岭瑶寨发展乡村旅游能够充分利用村民家中闲置房屋进行经营活动,仅仅是在南岭地区瑶寨聚落原有农业生产条件和资源的基础上通过经营方式的调整开发乡村旅游,是使原有生产形态实现多功能化、生态化的过程,具有投资小、风险小、经营灵活等特点,有利于瑶族同胞开发经营,就地增加劳动收入，提高农产品附加值，对于推动南岭瑶寨的经济增长起到积极作用。

8. 不可复制性

南岭山区瑶寨聚落得天独厚的旅游环境并不是一蹴而就的，从地理位置上讲它是独一无二的；从气候条件上讲，南岭自古以来就是常年温暖，适宜大多数生物生存，资源丰富；从人文历史上讲，其独特的瑶族文化历经岁月积累与沉淀，对人们的影响已根深蒂固，特别是对盘王虔诚的信仰，这些并非一朝一夕就能复制得来。因而在乡村旅游的开发中应更加重视瑶族文化的不可复制性，通过合理的开发来实现瑶族文化的旅游价值。

4.2.2 南岭瑶寨聚落文化基因的表现形式

南岭瑶寨聚落因其拥有特定的景观美学价值以及鲜明的地域文化特色，其留存下来的历史文化遗产极为珍贵。瑶族聚落之间在饮食、服饰、习俗、文化等方面存在显著差异，但因同属南岭乡村传统聚落，且作为民族旅游目的地，聚落共性还是很明显的。例如，较为优越而有限的生存空间，较为悠久的人类历史文明，典型的移民山居文化、独特的传统聚落景观等，这些作为核心的文化旅游资源共同构成了南岭瑶族聚落的文化基因。

我们为了更好认识、保护、开发、传承当地的民族聚落文化，遵从文化四元结构的划分，将南岭瑶族聚落文化基因划分为四个结构层次，即4个一级指标，22个二级指标（详见表4.1）。指标的好坏直接影响了游客对民族聚落文化的印象与好感，也直接影响到游客的评价、满意度、重游率，以及民族旅游目的地的可持续发展。

第4章 南岭瑶寨聚落乡村旅游发展概况

表4.1 南岭瑶寨村落文化基因的展现

一级指标	二级指标	文化因子
瑶族物质文化基因	自然生态景观基因	自然山水、亚热带气候、风景区、植被、地质地貌、空气质量等
	农业种植景观基因	荷花、桃花、李花等，月柿、葡萄等，梯田等
	瑶族特色建筑景观基因	瑶族风雨桥、瑶族吊脚楼
	瑶族服饰文化基因	瑶族头饰、瑶族服饰
	瑶族饮食文化基因	主食以玉米、大米等为主。日常菜肴有黄豆、饭豆、南瓜、辣椒和家禽、家畜等，饮品有打油茶等（即以油炒茶叶煎汤，佐以生姜、辣椒、食盐调味，趁势冲泡炒米、炒豆、米花之类同饮）
	地方交通条件基因	乡村公路
	环境保护文化基因	环境保护的标语、环境保护警示牌等
	卫生整洁文化基因	村民卫生文明意识，村落卫生清扫制度、村落卫生
	旅游购物服务基因	旅游商店、旅游住宿、旅游餐饮店
	纪念品文化基因	旅游购物纪念品的买卖场所
瑶族精神文化基因	民族节庆活动基因	民族节庆活动
	娱乐项目基因	水上竹排、游泳、爬山、歌舞表演、空中娱乐项目
	瑶族歌舞表演基因	民族舞台剧、民族歌舞表演
	瑶族宗教信仰基因	道教宗教信仰、佛教宗教信仰、基督教宗教信仰
	瑶族民风民俗基因	友好、好客
	瑶族艺术形式基因	特色建筑物、手工艺品、书画
	瑶族历史遗存基因	历史文物、历史古迹、历史书籍、瑶族过山榜、族谱
	瑶族民族意识基因	民族自我认同、民族自豪感
聚落制度文化基因	居民商品经济意识基因	商品经济意识、市场行为规则、质价相符意识
	居民商业化基因	固定集市、固定商店、固定经营时间
聚落行为文化基因	居民文明礼仪基因	与人友好相处，注重文明礼貌
	居民友好待客基因	热情待客，主动交往

4.2.3 南岭瑶寨聚落旅游发展的作用及意义

瑶族是居住在我国南方的一个山区民族。南岭是瑶族的主要聚居地，居住着占瑶族总人口 62% 的瑶民，有着古老悠绵的民族历史文化和绚丽多姿的民族风情。瑶族居住格局分布的特点是大分散、小聚居，南岭瑶族主要从事山区农业。南岭当地资源虽然丰富，但是受交通、观念、文化、管理等多重因素的影响，大部分瑶民收入相对较低、经济发展落后。实践经验表明，民族地区发展乡村旅游能促进当地经济、文化、社会的发展和环境的改善。

1. 推动南岭瑶寨聚落的经济发展

乡村旅游的魅力就在于原汁原味的乡村环境、生活和文化，乡村居民的生活设施一定程度上也充当了旅游接待设施，其最基本的旅游产品就是乡村居民的接待。[1] 发展乡村旅游可以挖掘农民增收的潜力，增加非农产业的收入，帮助南岭山区脱贫致富，是彰显乡村资源特色、实现资源价值、实现"生活宽裕"目标的主要手段。[2] 南岭地区发展乡村旅游提高了乡村的经济效益，促使乡村经济结构由农业向旅游等多个方面发展，企业的加盟也使得当地的基础设施得到完善，手工业的进步和贸易的发展也为周边地区的农副产品生产、销售提供发展空间。可见，南岭民族地区发展乡村旅游，有利于农村产业的全面发展，增加农村经济总量，缩小城乡差距，从而推动农村经济建设。

---

[1] 单琼花，王琨，葛冬.乡村旅游的特点及在民族地区开发中的意义[J].安徽农业科学，2008，36（20）：8775-8776.

[2] 夏学英，刘兴双.新农村建设视阈下乡村旅游研究[M].北京：中国社会科学出版社，2014.

2. 加强南岭瑶寨聚落的生态建设

乡村旅游服务作为综合性质的产品，由吃、住、行、游、购、娱六个部分组成。发展乡村旅游对农村基础设施和生活环境都起到了很大限度的改善作用，可以说，乡村是都市人亲近大自然的好去处。同样，南岭瑶寨发展乡村旅游在美化南岭旅游环境的同时还会提高农民生态意识，促进南岭乡村的生态建设，在拥有一个好的生态环境的前提下，才能够最大限度地吸引游客前往。乡村旅游发展得越好，越有利于居民认识到生态环境和淳朴民风的重要性，从而唤醒当地村民对传统乡村景观、民族文化和自然环境及新农村生态环境的保护意识，促进村民参与到环境保护当中来，自觉地改善人居环境，对游客服务水平等内在环境和保持村容整洁、优美田园景观等的外部环境，同时在保护的基础上传承和发扬瑶族文化，营造独特的聚落旅游环境。发展生态旅游还可以实现农业与旅游的均衡发展。乡村旅游的发展也美化了聚落内部的环境，有利于环境得到改善，加强农村生态环境保护。此外，南岭地区发展乡村旅游必然会带动当地经济的发展，获得的经济收益从而保证了乡村有足够的资金来投资农村生态环境的保护。

3. 加强南岭瑶寨聚落传统乡村景观和文化的完整性保护

南岭山区因为瑶族人民的聚居而有着鲜明的瑶族文化特色和自然生态环境。但是在社会不断发展的过程中，其生活方式和景观风貌日益与城市风格相近，这种情况无疑不利于南岭地区发展乡村旅游。为改变这一现状，南岭瑶民就要增强保护乡村景观和文化的意识，保护南岭瑶寨具有鲜明特色与典型代表性的传统村落景观与民族文化。当中，确保瑶民利益的最大化，才能使他们主动承担起保护村落文化、提高景观价值的重任，确保农村景观和文化的完整性。与此同时才能更好地促进瑶族传统文化的保护、传承和弘扬。这样既能创造出良好的经济价值，又可以进一步增强民族凝聚力，激发民族精神，使瑶族同胞了解南岭历史文化，认识其过去和现在，使瑶族同胞更加自信、自尊、自强，弘扬南岭瑶族人民团结统一精神，以更加高昂的激情去建设美好家园，从而促进瑶族的繁荣发展。

4. 促进南岭瑶寨聚落"旅游+农业"的融合发展

南岭瑶寨发展乡村旅游，有利于一、三产业的融合、渗透发展，农业旅游化和旅游农业化，在提高农业经营收入、扩大农业规模、提高农产品附加值的同时推动了农业旅游的发展，实现了旅游的经济效益。另外，旅游业是涉及人们生活方方面面的集多元化与综合性于一体的"一龙飞百龙舞，一业兴百业旺"的产业。乡村旅游作为第一产业与第三产业交叉发展的产物，它的发展对农村农业的综合开发、农业结构的优化调整、农民就业和收入的提高必然会产生积极的影响，最终推动南岭瑶寨经济的快速发展。

5. 增强南岭瑶寨聚落村民的开放意识与商品意识

南岭瑶寨发展乡村旅游改变了居民的思想观念，他们接收外来先进的科学技术，提高他们的经营能力，增强南岭瑶寨聚落村民的开放意识与商品意识，打造以满足游客需求为主的旅游市场。乡村旅游可以打破南岭山区农民生活的封闭环境，增强瑶寨村民市场经济观念，努力学习并接受相关专业技能培训。一些村寨还会制定村规民约、卫生公约等规章制度提高村民的文明素质，促进乡村精神文明建设和新农村经济社会全面发展。乡村旅游的发展同时也有助于瑶民根据市场需求有意识地深度挖掘民族地区的民风民俗文化内涵，并且加以保护，发展成为农村特色文化旅游，以此形成新的文化吸引物，最终形成文化开发、保护、发展的良性循环。

6. 激发南岭瑶寨聚落村民的主动参与意识

南岭瑶寨发展乡村旅游，还可以培养村民的参与感，让他们认识到参与旅游业发展对改变当前生活风貌的重要性。他们通过参与旅游业所获得的收益能够更好地提高对乡村旅游的兴趣，积极主动地响应政府号召。更有甚者，他们会要求参与到当地的旅游决策中，让村民成为参与乡村旅游的主体，同时也实现了南岭山区制度建设、道德观念和民主管理的目标，为邻近村寨的乡村旅游发展提供参考与借鉴。

7. 加强南岭瑶寨聚落乡村与城市的互动

城市游客来到南岭山区旅游为农村带来了消费、信息与人流量，直接或间接地提高了居民的收入与生活水平。乡村旅游的发展也引入了外来企业，拓宽了筹资渠道，在加强城乡之间交流的同时获得了更多的资金、政策等的支持。各种资源流向农村，在农村得到发展的同时也促进了城乡之间的协调共进。发展乡村旅游丰富了传统农业的内涵与外延，在调整农业结构的同时也促进了现代农业体系。

4.3 南岭瑶寨聚落乡村旅游的开发

4.3.1 开发原则

南岭瑶寨聚落的乡村旅游开发是一项科学性的技术经济活动，应在一定开发原则的指导下进行开发设计。

1. 突出特色原则

特色是旅游产品的灵魂，鲜明的特色能有效避免与其他产品的雷同，使旅游产品独具魅力。因而突出南岭山区最本真的旅游资源特性便是南岭瑶寨聚落乡村旅游开发基本的要求，最本真的资源特性在这里指的是南岭山区瑶族聚落的乡村性——具有民族特色的乡村本色。它是乡村旅游开发中核心的资源，也是游客对乡村旅游的定义。因此对乡村旅游资源的开发要在保护的基础上进行深入挖掘。乡村旅游资源开发要还原旅游资源真实的面貌，提供给游客自然、健康、绿色、原汁原味的产品，努力展现天然、淳朴、闲情和野趣的乡村区域旅游魅力。

2. 市场导向原则

市场导向原则要求民族地区的乡村旅游在产品设计上既要适应市场、遵循市场规律，也要引领市场、创新产品、创新需求、引导市场消费。要根据民族地区聚落旅游产品特点定位市场，并根据市场细分、产品细分对周边及较远市场进行细分营销，突出优势。因此，南岭瑶寨聚落乡村旅游产品开发应在充分了解与掌握游客旅游感知与偏好的基础上细分市场，并针对细分市场的特征开发适销对路的产品，与此同时还要把该类产品做到业界标杆，树立游客高度认可与支持的形象品牌。

3. 效益兼顾原则

旅游业是一个综合产业，涉及社会生活的方方面面，因此在发展旅游的过程中要兼顾各方利益，在提高整体经济效益的同时，也要考虑并兼顾其与社会效益、生态效益的统一。这也是推动南岭山区乡村旅游可持续发展的关键和开发南岭山区乡村旅游的前提条件与基本原则。乡村旅游开发既要遵循经济规律和市场规律，又要考虑旅游开发的生态效益，保护南岭山区丰富的生物资源与植物资源，在保护的基础上开发与发展。与此同时，乡村旅游的开发也要展现出南岭山区瑶寨聚落文化的独特性、原真性与多样性，在基于游客价值观的基础上融入民族文化，实现南岭山区瑶寨聚落乡村旅游功能多元化、旅游产品特色化、旅游发展科学化。

4.3.2　开发模式

南岭瑶寨聚落生态环境优美，气候温和、境内土地、地表水、生物、矿产等自然资源储量丰富，农业发达。千百年来，瑶族人民生活在这块美丽富饶的土地上，并创造了丰富多彩的瑶族文化：独特的瑶族风俗、炫丽的瑶族艺术、古老的瑶族织锦、传统的瑶族民间医药和千姿百态的瑶族民间歌舞等。这些丰富多彩的资源决定了其开发模式的多样性，具体包括休闲观光型、乡村体验型、民俗风情与节庆型、养生健康型、学习教育型等多种模式。

1. 休闲观光型

在旅游发展初期，南岭山区瑶寨聚落开发的大多是观光旅游产品，以打造满足游客需求的迷人的聚落田园景观，开发都市游客体验不到的聚落民风民俗，展现聚落最原始的生产生活等作为主要的旅游产品来吸引游客眼球。诸如聚落田园景观，常常是南岭瑶寨村民搭建的水果农园、茶园或蔬菜园，他们为满足村民自身生计发展需要，同时也能为游客带来一种安静闲适的感觉。这里没有污染，没有喧闹，游客欣赏着瑶族聚落特有的自然风光，游览民族村寨，参观古民居、古建筑（包括瑶族风雨桥和瑶族吊脚楼等）会让旅游者得到彻底放松。另外，游客在旅游结束之后往往居住在由瑶寨村民们专门布置的农家小屋中，房屋面积不大，但也可以体现当地最本真且别具一格的特色。从旅游市场的角度来说，观光型旅游产品是旅游过程中基本的需求，即使随着旅游发展可能会演变成休闲度假型旅游产品，但观光旅游不会消失，只是所占的比例会下调，开发南岭山区瑶寨聚落乡村旅游还是要注重产品特色，以富有瑶族聚落个性和创新的旅游产品来迎接游客，延长产品寿命，提高产品的魅力与竞争力。

南岭瑶寨地区乡村旅游可以通过开发田园景观来达到放松、愉悦游客心情的目的，并结合聚落农户的农事活动让游客参与体验农村生活。南岭地区瑶寨聚落乡村旅游休闲观光项目的开展离不开瑶族村寨的少数民族环境，依托瑶民居住、生活的环境为游客营造一个休闲度假的氛围。在传统的观景、赏花、徒步、采茶等乡村旅游活动开展的基础上，游客还可以看到特色的民族建筑，感受独特的民族风情，也能品尝到地道的瑶族美食，享受瑶族乡村旅游乐趣。

2. 乡村体验型

伴随着乡村旅游的不断发展，游客对体验型乡村旅游产品的需求日益强烈。追求旅游产品的体验性是社会发展和人们高品质生活的结果，它将旅游体验与乡村生活相结合，满足了游客参与农家生活的需求。南岭瑶寨聚落的体验型旅游产品有很多，包括以下几方面。

（1）乡村生活体验

它的客源大多是长期生活在城市的居民，通过乡村旅游可以缓减城市快节奏生活带来的压力，如开发一种以参与各种农事活动为主的乡村旅游形式，通过住农家屋、吃农家饭、与农户共同劳作的方式让游客体验乡村的乡土气息，享受乡村的慢生活。

（2）历史文化体验

南岭瑶族地区历史悠久，如地处湘南江永县的千家峒为公认的瑶族祖源之地，其聚落景观至今保持着古瑶寨原始天然的特色，并有瑶家"女书"一绝，[1] 开发这类资源可以帮助游客在领略乡村风貌的基础上进一步了解乡村的历史文化传统，丰富游客眼界与知识。

（3）品尝购物体验

南岭瑶寨聚落有着绿色健康的风味小吃。因此，可以在当地举办特色美

---

[1] 杨载田，刘沛林.南岭山区传统聚落景观资源及其旅游开发研究[J].长江流域资源与环境，2004（1）：35-39.

食节来满足游客对美食的追求，如特色水果品尝（恭城月柿）、风味小吃品尝（瑶族油茶）、野菜品尝、烧烤品尝、特制肉类品尝等活动，也可以结合当地饮食文化开办各种主题的旅游餐厅，实现美食与文化的大交融，还可以结合南岭独有的山区风貌，设计出体现当地特色、具有乡土气息与纪念意义的旅游纪念品，如具有乡村本土特色的工艺品（如编织工艺品、织绣工艺品等）和利用当地原材料（如特色蔬菜、禽畜、风味独特的土特产、美丽花卉等）生产加工的地方传统产品，满足游客购物需求。

（4）探索刺激体验

利用南岭山区特殊的地理环境和自然界的神秘来开展一些富有刺激性的挑战活动，让其成为倍受年轻人的喜爱，是他们感兴趣的旅游活动。这类旅游资源的开发要在确保游客人身安全的前提下进行，要让游客在惊险刺激（如登山猎奇、荒野寻宝、山洞探险等）中增进对乡村生活环境的认识。

（5）乡村野外生存体验

野外生存体验可以磨炼人的意志，提高生存能力。通过开发农产品采摘、瑶族音乐会、垂钓比赛等体验型旅游项目，以寓教于乐、寓教于游的方式增加乡村旅游项目的体验感，乡村游能够吸引更多的青少年游客到此体验。瑶民可以开拓更广阔的乡村旅游市场，以期更好地实现其价值需求，成为未来乡村旅游的发展趋势。

3. 民俗节庆型

我国地域辽阔，民族众多，"千里不同风，百里不同俗"。南岭地区瑶族聚落民俗文化最能反映乡村旅游的深度，也最能体现乡村旅游的魅力，是南岭山区乡村旅游深度开发的重要基础。这类旅游产品以聚落民俗风情与民族节庆为主要题材，充分展现了农村的民间礼仪、民间歌舞与民间手工艺等特色，对深化乡村旅游文化内涵具有重要作用。南岭瑶族地区内不同的瑶族分支有其不同的生活习惯和民族特色，其聚居之处地理位置相对偏僻，交通不便、信息阻塞，受外界影响小，民风民俗保存完好。在进行旅游开发时，各地都应该充分展现自己的乡土瑶族文化特色，激发外来游客旅游的意愿。从传统瑶族民居建筑风格来看，很多瑶族村寨都将古文化融入建筑当中，建筑与周围的景观和谐一致，各种建筑风格体现不同的文化内涵，具有极高的建筑史学价值和观赏价值。从民俗节庆来看，传统瑶族节庆的开展备受世人的关注，尤其是在2006年已被国家列为非物质文化遗产的盘王节，已成为南岭地区盛大的传统佳节和瑶族传统文化的标志，也是瑶民增加民族团结和精神文明共建的有效载体。[①] 瑶族丰富多彩的民风民俗已成为了开展南岭瑶族地区乡村旅游的主要活动之一。

在南岭瑶族地区乡村旅游开发的过程中，由于受地理、自然、社会、文化条件的限制，乡村旅游开发前期更多地需要来自政策支持，其对于乡村旅游的发展起到重要的保障作用。因南岭瑶族地区各区域处于不同乡村旅游发展阶段，在乡村旅游初具规模后应适当鼓励农民成立相关民间团体、协会等组织以取代部分政府职能，才能确保乡村旅游各利益相关者的最大利益得到真正满足，如此，才可以更好地促进南岭山区瑶族乡村旅游的长远发展。

4. 养生健康型

如今的旅游发展过程中，人们越来越重视对健康养生的需求，希望旅游活动能够带来更多的有益身心健康的效果。养生健康型旅游正是一种适合都市人群在快节奏生活之余通过旅游来修养身心、愉悦心情、消除疲劳的旅游产品。南岭瑶族聚落地处中亚热带，属典型的亚热带湿润季风气候，气候温和，全年平均气温在17.6~18.6℃，年降水量为1290毫米~1900毫米，可谓冬无严寒、夏无酷暑、环境优美、空气清新，且空气中负氧离子含量高，有

---

① 陈华.促进南岭地区和谐发展的有效载体——打造"南岭瑶族盘王节"的思考[N].广西日报，2010-01-07.

着较好的康体保健功能，再加上南岭瑶寨聚落有着强身健体的瑶族体育和神奇疗效的瑶医瑶药，使其成为开发养生健康型旅游最为合适的选择。[①]南岭瑶族地区的居民所进行的河边垂钓、徒步、户外登山，水上竹排等活动都可以作为旅游项目让游客参与进来，使游客在感受乡村新鲜空气的过程中享受心情放松、锻炼身体的益处。除此之外，还可以将农村中的闲置用地加以利用，开展适合游客参与的民俗活动（铜鼓舞、长鼓舞）等与农村生活相关的项目，辅之以瑶族聚落原生态的玉米、大米、红薯、油茶等绿色食品，丰富游客的旅游体验。

5. 学习教育型

南岭山区瑶族聚落拥有丰富的乡土资源和科普教育素材，是城市青少年学生拓展视野、增长知识和陶冶情操的好去处。学习教育型旅游是一种游客自发的且自愿花费更多的时间、精力、资金参与旅游来达到学习知识、提升自我的目的。如南岭山区的客家人，在创造其完美山居土楼文化的同时，也创造了以精巧梯田为可视景观的山居稻作文化；以传统蓝布唐装为代表的服饰文化；以香脆和肥而不腻为风味的饮食文化；以聚族而居为根本的血缘家族制度；以唐宋古音为基础的客家方言；以祖先崇拜为优位的宗教信仰；以耕读为本的教育思想；刻苦耐劳、开拓进取、热爱自由、敢于抗争的强本精神；团结互助、亲和礼让的行为规范；语言形象生动风趣而曲调委婉亲切的客家山歌、情歌和儿歌；内容丰富而寓意深刻的客家神话、传统、轶事；特有的待客礼仪、节庆风俗等客家特色文化。这些文化对于增长城市青少年知识有很大的作用。除此之外，在南岭地区瑶族聚落可以开发"住农家屋、吃农家饭、与农户共同劳作"的旅游项目，这类旅游项目主要是为暑期学生外出旅游学习提供的。这种旅游方式可以让他们在与农户接触、交流、劳作过

---

① 张树民.中国乡村旅游发展模式与政策保障研究［M］.北京：中国旅游出版社，2014.

程中学习并牢记务农的知识，深刻理解农事活动，达到寓教于乐的目的。在具体落实上，农户应该根据自身经济能力兴办家庭旅馆来接待研学游客，并充分发挥南岭山区的教育功能，开展打油茶工艺培训、农业文化考察（采摘月柿）、瑶族服饰搭配、花木栽培培训等知识学习类旅游活动；学校也可以充分利用学生的暑假时间开展勤工助学、三下乡、大学生实习等活动，安排学生到周边农村体验生活，感受农村劳作的艰辛，进而培养他们保护环境、热爱劳动、珍惜资源、勤俭节约等意识，让他们在学习书本知识之余体验到不同的生活和学习过程。

需要说明的是，以上几种开发模式并不是截然分离的，它们有时是互相涵盖的，如乡村体验型往往也包含了民俗风情与节庆型，休闲观光型旅游大多也包含乡村体验型。

4.3.3 开发形象

乡村旅游形象，就是指游客在旅游过程中对乡村旅游发展的整体感知，是乡村各个体验层次在游客心中留下的总体印象。它们都以乡村文化为主要连接点贯穿于整个乡村旅游过程。南岭地区喀斯特地貌显著，群峰林立，洞穴天成，湖泊水系众多，地域特色鲜明。作为瑶族的聚居中心，自然景观优美，民族风情浓郁，瑶族文化博大精深，民风民俗、传统节庆、瑶族歌舞、手工艺等深受游客青睐。为适应乡村旅游发展，南岭瑶寨聚落治理方式已由村民自治向社区自治转变，相继完善了道路、交通、水电供应、排水、垃圾处理等基础设施，聚落治安状况、卫生条件、村容村貌都得到了大幅提升。此外，在保留原来务农生活的基础上，大多数瑶寨聚落在政府的帮扶下也已建成一定数量的瑶族特色风味餐馆、精致民宿、小卖部等，辅之以热情友好的接待，共同服务于南岭瑶寨聚落的游客。基于此，南岭瑶寨聚落乡村旅游形象可分为三个层次，即南岭瑶寨聚落乡村旅游形象是由乡村行为（服务水平、人员行为、生产行为、管理水平）、乡村物质（资源条件、乡村环境、设施设备等）、乡村影响（知名度、美誉度、认可度）构成的一个多要素系统（如图4.1）。乡村行为层次体现的是南岭瑶寨聚落的行为文化，几乎包括聚落所有旅游利益相关者的行为，主体是人；乡村物质层次体现的是瑶寨聚落本身的一些特征，主体是聚落；乡村影响层次体现的是瑶寨聚落对游客的影响，包括影响的大小、影响的好坏以及影响的接纳程度，主体是人思想意识层的一个体现。

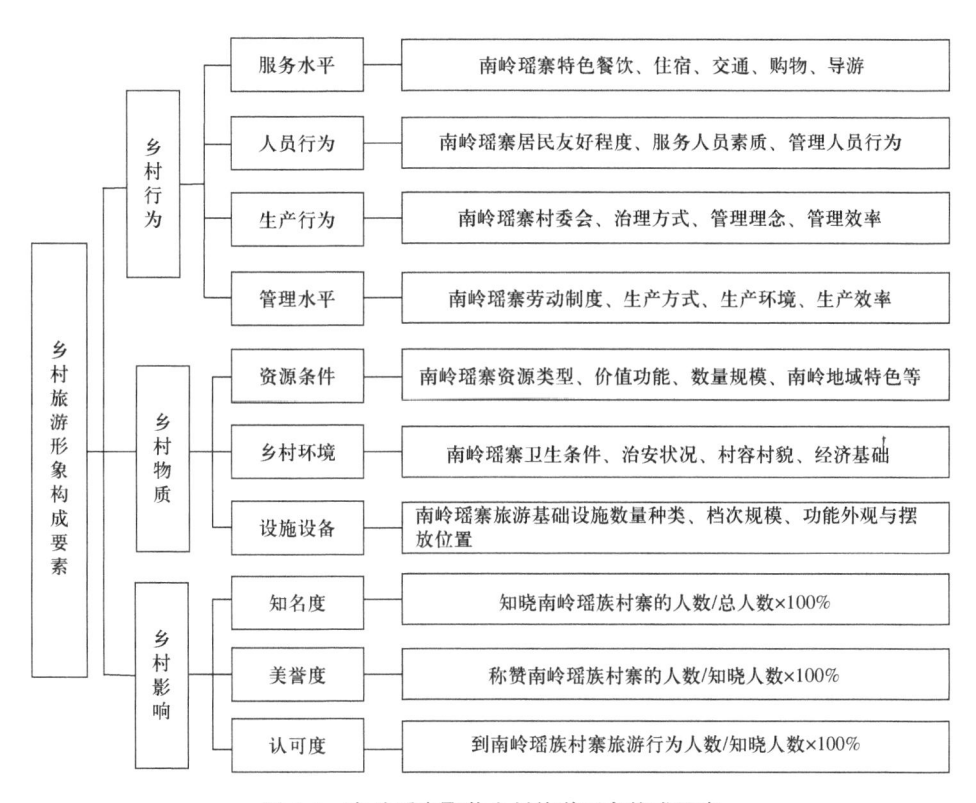

一级	二级	内容
乡村行为	服务水平	南岭瑶寨特色餐饮、住宿、交通、购物、导游
	人员行为	南岭瑶寨居民友好程度、服务人员素质、管理人员行为
	生产行为	南岭瑶寨村委会、治理方式、管理理念、管理效率
	管理水平	南岭瑶寨劳动制度、生产方式、生产环境、生产效率
乡村物质	资源条件	南岭瑶寨资源类型、价值功能、数量规模、南岭地域特色等
	乡村环境	南岭瑶寨卫生条件、治安状况、村容村貌、经济基础
	设施设备	南岭瑶寨旅游基础设施数量种类、档次规模、功能外观与摆放位置
乡村影响	知名度	知晓南岭瑶族村寨的人数/总人数×100%
	美誉度	称赞南岭瑶族村寨的人数/知晓人数×100%
	认可度	到南岭瑶族村寨旅游行为人数/知晓人数×100%

图4.1 南岭瑶寨聚落乡村旅游形象构成要素

南岭瑶寨聚落乡村旅游形象是需要旅游形象识别系统进行不断完善和改进的，旅游形象识别系统可以通过塑造南岭瑶寨聚落典型的民族特色形象，使游客对瑶寨聚落的产品和服务有高水平的认同和好感，树立南岭瑶寨聚落良好的旅游形象，从而促进瑶寨经济发展。乡村旅游形象识别系统的来源于企业形象识别系统（Corporate Identity System，CIS），并受地区形象识别系统（District Identity System，DIS）的影响。通常理念识别系统（Mind Identity System，MIS）、行为识别系统（Behavior Identity System，BIS）和视觉识别系统（Visual Identity System，VIS）共同构成企业形象识别系统（CIS）。南岭瑶寨聚落的乡村旅游形象识别系统同样也是由这三部分构成的。

在上述三个分系统中，理念识别系统对南岭瑶寨聚落乡村旅游发展起指导作用，相当于战略层，具体包括经营理念、市场定位、形象定位等，如广西恭城瑶族自治县红岩村，其"品瑶乡月柿、喝恭城油茶、赏柿园风光、住生态家园"的经营理念和定位把红岩村的最优资源——月柿完美地展现出来，这种"农旅融合"的战略很大程度上地推动了红岩村乡村旅游的发展；规范聚落旅游利益相关者行为的是行为识别系统，相当于执行层，如广西富川瑶族自治县秀水村，县政府主抓秀水村的旅游景点开发与推介工作，坚持以规划先行，并对秀水村重点旅游项目进行大量投资建设，尽可能保持秀水古村原风貌。秀水村居民则配合政府工作，积极参与到当地民宿、餐饮等接待工作中，共同打造青砖绿瓦、江南水乡的秀水特色，给游客提供古朴、优美、和谐的旅游环境，激发游客旅游行为的产生；塑造南岭地区瑶寨聚落乡村旅游整体形象的是视觉识别系统，相当于战略展开层（见图4.2），主要通过各种标识、宣传口号等具体方式达到，如在月柿丰收的季节，红岩村居民会利用熟透了的月柿摆出各种造型，或悬挂在路边，或精心打造形成月柿林供游客参观，道路两旁的路灯旁边，还有以月柿为意象做成的"月柿灯串"，这种鲜明的月柿符号强烈地刺激了游客的视觉神经，增强了游客的旅游体验。当然，理念识别系统、行为识别系统、视觉识别系统，它们共同服务于南岭聚落乡村旅游的形象塑造与发展水平，共同推动南岭瑶寨聚落乡村旅游的发展。

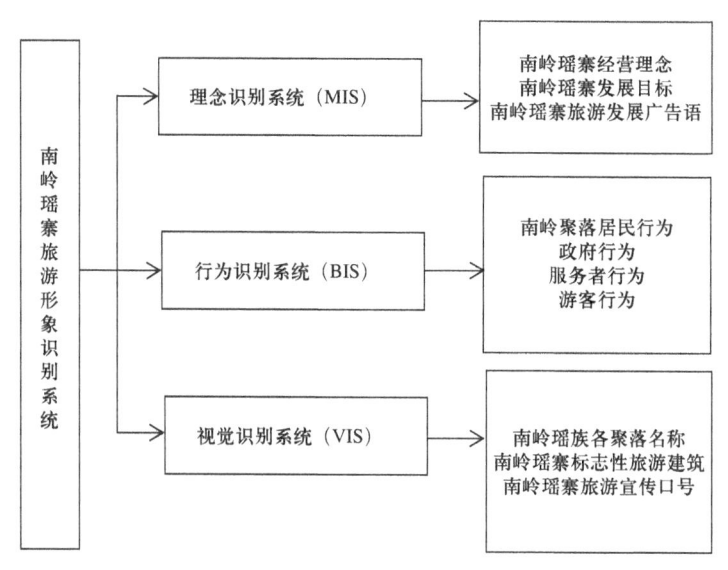

图 4.2　南岭瑶寨聚落乡村旅游形象识别系统构成

4.3.4　开发项目

南岭瑶族地区属于典型的喀斯特地貌，受地理区位、自然、历史、人文、社会等各个方面的影响，经济发展缓慢且交通不便，受外界文化影响较少，因而瑶族聚落生态环境保护较好。走向不一的山簇，大小河流、湖泊水系众多，生物资源丰富，可谓山清水秀、鸟语花香，形成了优美的田园风光。人文旅游资源特色突出且丰富多彩，可以说是南邻瑶族聚落村民的宝库，能够开发成为徒步、水上运动、休闲活动、务农活动等多类型的乡村旅游项目。

此外，南岭瑶族聚落因其重要的地理、文化资源的独特性而具有不可替代的作用，特别是南岭瑶族地区鲜明的文化特色，南岭地区是瑶族的聚集中心和主要活动地区，有着丰富的瑶文化资源。这里不仅有世界瑶族通用的瑶族语言——勉语，原始古老的瑶族歌曲，多姿多彩的瑶族舞蹈，独具特色的瑶族服饰，风味独特的瑶家饮食，别具一格的瑶族建筑——吊脚楼，还有强身健体的瑶族体育，对历史有重大影响的瑶族人物，神奇疗效的瑶医瑶药，众多的名胜古迹，风韵独特的婚姻习俗以及形式多样的礼俗节庆等，这些文化资源无不展现出深厚的瑶族文化底蕴和鲜明的地方色彩。这些文化表现形式，有以物质形态存在的物质文化遗产，也有以非物质形态存续的非物质文化遗产，它们自始至终深深地扎根于南岭地区瑶族人民的生产生活之中，以不同方式传承着瑶族文化，极具旅游开发价值。将南岭聚落文化与乡村旅游活动开发要素相结合，开发、设计、传承、创新发展成为游客喜闻乐见、体验感十足的旅游活动，诸如学习瑶族语言、学习瑶族歌舞表演、体验瑶族服饰、学习制作瑶族美味、参加当地特色的探险、攀岩等体育活动、参加瑶药养生培训、参与盘王节等节庆习俗活动（见表4.2），以此来深化游客对南岭瑶族聚落文化的认知。

表4.2 南岭瑶寨聚落乡村旅游的活动项目

类型	具体项目
旅行	徒步旅行、骑马（驴……）、登山、山地自行车等
水上活动	垂钓、游泳、泛舟、漂流等
体育运动	洞穴探险、攀岩、狩猎、热气球等
文化活动	信仰文化：找寻对历史有重大影响的瑶族人物——始祖盘王，朗诵《评皇券牒》《千家峒传说》《父祉曲》《密洛陀》长诗等作品； 歌舞文化：查阅祭祀性歌谣总集《盘王歌》，参加瑶族宗教祭祀舞蹈长鼓舞、铜鼓舞等舞蹈培训、体验瑶族娱乐方式"对山歌""坐歌堂"； 节庆文化：亲身参与盘王节、赶鸟节等多种民俗节庆文化； 服饰文化：试穿风格各异的瑶族服装，佩戴刻有瑶族特有花纹图案的银牌、银簪、手镯、耳环、项圈等首饰，以及各类形状、多姿多彩的头饰； 饮食文化：品尝瑶族油茶、瑶家十八酿、腊肉、熏肉等风味菜肴； 建筑遗址文化：欣赏瑶族建筑吊脚楼、考古、访历史文化遗迹（广东曲江马坝狮头峰石灰岩洞古文化遗址、广西柳江县通天岩柳江人遗址、来宾市麒麟山人遗址、桂林宝积岩人和甑皮岩人遗址、柳州市郊白莲洞人古文化遗址等）等； 除此之外，还可以学习民间传承、参观民间艺术工作室、手工艺（瑶族织锦、刺绣）、瑶药培训等
健身活动	徒步、登山、太极、瑶拳等
休闲活动	乡间度假、观鸟、观察野生动植物、写生、摄影、赏景等
务农活动	播种、收割、放牧、捕捞、果园采摘、酿酒、农产品加工等
主题性节庆活动	重要节庆如盘王节、耍歌堂、赶鸟节、达努节、月柿节、桃花节等以及风韵独特的婚姻习俗
童玩活动	自制长鼓、宠物饲养、放风筝等
商务活动	小型会议、团队激励训练等
特别活动	学习瑶族语言（勉语），参加乡村体育竞技、农产品展、民族服饰展、民族农具展等

开发多种类型的乡村旅游项目，能够满足游客多样化、多层次的旅游消费需求，让游客参与其中，真正体会到少数民族村寨乡村旅游乐趣。一方面可以通过乡村旅游促进南岭瑶寨聚落的经济发展，使旅游资源取得明显的经济效益；另一方面，可以促进瑶族文化与产业发展相结合，使瑶族文化由潜在优势转化为产业优势，实现由文化资源到文化产业的转变，成为新的支柱产业和经济增长点，从而促进民族文化与民族经济的相融共进，达到南岭瑶寨聚落经济可持续发展的目的。

第 5 章 乡村旅游与南岭瑶寨聚落文化的相互关系

5.1 乡村旅游发展夯实南岭瑶寨的经济基础

马克思在其经典著作《政治经济学批判》的序言中写道:"人民在自己生活的社会生产中产生一定的、必然的、不以他们的意志为转移的关系,即同他们的物质的一定发展阶段相适合的生产关系。这些生产关系的总和构成社会的经济结构,即有法律的和政治的上层建筑梳理其上并有一定的社会意识形态与之相适应的现实接触。物质生活的生产方式制约着整个社会生活、政治生活和经济生活的过程。"①从马克思的生产方式及其相应的生产关系构成经济基础的定义出发,生产方式包括生产力和生产关系。近几年来,乡村旅游成为一种新兴业态,受到广大旅游者的喜爱。南岭瑶寨凭借其得天独厚的民族资源优势、旅游资源优势发展乡村旅游取得极大的经济成效,南岭瑶寨乡村的生产方式及相应的生产关系随之而来发生了翻天覆地的变化,南岭瑶寨的经济基础随之打上了浓厚的乡村旅游的烙印。

生产方式就是生产要素(劳动者和生产资料等要素)的结合方式,而体现在这个"结合"过程中的人与人的关系就是生产关系;这个"结合"所产

---

① 中共中央马克思恩格斯列宁斯大林著作编译局. 马克思恩格斯选集:第 2 卷 [M]. 北京:人民出版社. 1972.

生的"力"就是生产力。[①] 在南岭瑶寨，乡村旅游可以说是以旅游形式出现的一种复杂的社会经济活动的总称，它包括吃、住、行、游、购、娱等各个旅游环节。从一般理论意义而言，还可认为它是旅游生产力要素和旅游生产关系要素在南岭瑶寨这个既定空间上的组合。它包括各种物质生产要素和各种旅游所有制要素，也包括旅游产品生产过程中的各个层次和环节。农业种植是南岭瑶寨传统的生计方式，随着乡村旅游活动的开展，南岭瑶寨中传统农业生产力构成中的劳动力、土地、资金等基本要素发生新的流动方向，形成新的优化配置方案。同时乡村旅游生产组织方式的出现，致使农业生产组织方式出现了新的变化和趋势。

南岭瑶寨传统农业生产中围绕着农作物生产领域发生的生产、分配、交换、消费为主的生产关系，逐渐转换成依托瑶寨周边自然环境和民俗风情为主，以村民房屋为基础提供住宿和餐饮服务为主的服务的生产、分配、交换和消费为主的生产关系。与之相呼应的南岭瑶寨的社会关系由村民间传统的乡亲邻里关系转化为商业竞争关系与乡亲邻里关系融合的新型社会关系。

5.2　聚落文化决定南岭瑶寨的上层建筑

继马克思在《政治经济学批判》的序言中第一次提出上层建筑后，斯大林在《马克思主义与语言学问题》中对上层建筑概念的界定是迄今为止较为推崇的解释，"基础是社会在一定发展阶段的经济制度，上层建筑是社会的政治、法律、宗教、艺术、哲学的观点以及同这些观点相适应的政治、法律等设施。"[②] 社会的历史发展过程中，上层建筑产生和交往不断地发展至今，时刻影响着人类社会的进步。

[①]　袁绪程.关于"经济基础"概念的再认识[J].国内哲学动态，1982（11）：15-17.
[②]　斯大林，中共中央马克思恩格斯列宁斯大林著作编译局编.斯大林选集：下[M].北京：人民出版社，1979.

乡村旅游背景下南岭瑶寨聚落文化保护发展研究

南岭瑶寨聚落文化主要由物质文化基因、精神文化基因、制度文化基因、行为文化基因共同组成，包含了马克思描述的关于上层建筑的主要内容。南岭瑶寨聚落文化中物质文化基因主要包括南岭瑶寨聚落居民在生产生活中可见的具有物质性的文化实体，如民族服饰、特色饮食、民族特色建筑等；精神文化基因中主要包括南岭瑶寨聚落在长期社会发展中所形成的社会意识、观念等，如民风民俗、民族意识、宗教信仰、艺术文学等；制度文化基因中主要包括南岭瑶寨聚落在长期生产生活中所形成的行为规范和法则，如法律及传统社会的瑶老制、石牌制、商品经济意识等；行为文化基因中主要包括南岭瑶居民在社会人际交往中形成的一些不成文的礼仪和行为模式，如待客之道、文明礼仪等。这与斯大林在"上层建筑"的描述中将意识形态的形式扩大到了法律、政治、宗教、艺术、哲学等诸多方面相关联。同时，马克思在他的相关著作中曾多次提及文化上层建筑如何反作用于社会生产。[①] 因而，从一定程度上来讲，文化包含了上层建筑概念所阐述的法律、政治、宗教、艺术、哲学等内容的核心要义。

一般条件下，旅游资源的吸引能力主要取决于旅游资源的丰富程度。我们把由旅游资源丰富程度所决定的对旅游者参与、选择旅游地区与旅行方式的刺激程度称为旅游吸引能力。在其他条件一定时，旅游资源越丰富，旅游吸引能力就越大，旅游需求强度就越强，旅游经济的可能性规模就越大。旅游吸引力的主体构成是旅游资源状况，旅游吸引力强弱度是与旅游资源丰富程度相联系的，旅游资源愈丰富，旅游地区吸引力强度就愈大。[②] 对于选择南岭瑶寨开展乡村旅游的游客来说，旅游资源的吸引力受到南岭瑶寨当地是否具有独特的地域特点、民族特点和较明显性的时代差异度，以及旅游服务质量、旅游设施状况、旅游价格水平等各种经济因素和社会安定状况等社会政治因素影响。从文

---

① 中共中央马克思恩格斯列宁斯大林著作编译局.马克思恩格斯文集：第 8 卷［M］.北京：人民出版社，2009.

② 张辉，厉新建.旅游经济学原理［M］.北京：旅游教育出版社，2004.

化分类角度来说，物质文化基因、精神文化基因、行为文化基因和制度文化基因之间既是相互独立的文化分类，又是相互联系的文化整体，其本质都是人类在长期的社会实践中所创造的人类文明，它们为南岭瑶寨开展乡村旅游奠定了良好的基础。物质文化基因即南岭瑶寨聚落文化在长期发展中所形成的物质基础，与之相呼应的吃、住、行、游、购、娱等旅游物质消费项目在南岭瑶寨的建设和发展中已经具备。然而，南岭瑶寨聚落文化中精神文化基因、行为文化基因和制度文化基因所展现的民族特色、地域特色、资源特色为南岭瑶寨提供了较强的乡村旅游吸引力，吸引游客纷纷前来旅游。

5.3 乡村旅游对南岭瑶寨聚落文化的影响

5.3.1 乡村旅游影响聚落文化的作用机理

在南岭瑶寨空间场域中，乡村旅游的发展与聚落文化之间相互发生作用。旅游是文化发展的助推器，其加速了文化的不断发展。随着乡村旅游在南岭瑶寨的不断发展，南岭瑶寨聚落文化的发展速度也在不断加快。乡村旅游发展改善了南岭瑶寨的基础设施，增加了其与外界交流的机会，提高了村民生活的水平，但也因外来"强势"文化的进入，使南岭瑶寨原有的瑶族文化不断发生变化。南岭瑶寨聚落乡村旅游的发展逐渐走向开放，乡村旅游业的发展使南岭瑶寨的产业结构发生变化，在传统的农牧产业中注入了新兴的旅游产业，引起了南岭山区瑶寨文化的重新整合，使南岭山区瑶寨文化在乡村旅游开发中正在发生前所未有的变化，势必会对南岭山区瑶寨聚落文化的保护和发展提出新的要求。

乡村旅游对外表现为人们心情的愉悦和压力的释放，对内则表现为人们对乡村文化的向往和追求。民族地区发展乡村旅游应立足于保护当地的特色文化，游客对南岭瑶寨乡村旅游的最大关注点，在于聚落独有的民族文化与优美的景观环境，他们通过乡村旅游取得的最大收获就是心灵上的享受和文化上的熏陶。文化是乡村旅游的核心，没有文化的旅游资源是没有灵魂的，如同无源之水、无本之木。乡村旅游的发展极大地提高了当地经济，同时政府等相关部门对旅游目的地给予高度重视，他们会根据当地乡村旅游业发展的不同阶段制定相应的政策来支持旅游业的发展。

政府极力反对在一些经济发达的旅游目的地发展旅游业，同时也不赞成以地方民族传统文化资源为依托的旅游项目的发展，他们认为会对当地的民族传统文化带来毁灭性的破坏。然而，对于一些经济发展落后的旅游目的地，政府赞成旅游业的发展，因为这不仅能在短时间内给旅游目的地带来较高经济效益，同时也能成为一种保护民族传统文化的有效方式。另外，乡村文化不同于城市文化，这是发展乡村旅游最核心的旅游吸引物。因此，在南岭瑶寨聚落乡村旅游业的发展中，加强政府对民族传统文化资源的保护意识和保护力度是南岭瑶寨乡村旅游可持续发展的必要前提。

5.3.2 乡村旅游对聚落文化的积极影响

1. 夯实瑶寨民族文化保护与发展的经济基础

经济基础决定上层建筑，南岭瑶寨发展乡村旅游能够提高农民的收入水平与生活品质，其农村产业结构也能得到优化，同时也能够为瑶寨带来人流、物流、资金流，在旅游接待的互动交往中形成吃、住、行、游、乐、娱等一系列的配套旅游需求。在旅游目的地的旅游供给服务中，南岭瑶寨聚落居民在主动或被动参与旅游接待服务中能增加一份额外的收入。旅游业发展推动了当地社区居民收入增加，为民族文化的保护提供了充足的资金保障，对保护、开发、传承、创新民族文化打下坚实的物质基础，有利于南岭山区民族文化的传播和发展。

2. 促进瑶族与非瑶族间文化的交流

文化的发展离不开文化的交流。同样地，南岭瑶寨聚落乡村旅游的发也促进了其他地区协调发展、各民族与瑶族的文化交流。南岭瑶寨发展乡村旅游有来自不同国家、不同民族、不同文化背景的游客，在品味当地旅游文化过程中，他们会与当地居民进行文化沟通与交流。

3. 提供聚落文化保护和发展途径

乡村旅游的发展不仅给农民带来了切实的收益，也让他们重新认识了该聚落的民族文化。一方面，通过与外来游客的交流，他们会意识到原来自己认为最平常的事情在游客眼中竟然如此珍贵与神奇，农民就会不自觉地开始重视聚落民族文化，认识到聚落文化的价值，增强民族文化的自豪感。这种意识的产生对作为传播主体的农民来说无疑是有利于保护聚落文化的，也有助于聚落文化的传播与交流。另一方面，乡村旅游所带来的经济收益会促使当地相关部门注重对民族传统文化资源，特别是对本民族独有的、以前未发现或未重视的文化资源进行挖掘，将其开发成特殊的旅游产品，并把它们推向市场。这种行为在促进当地旅游发展、满足游客需求的同时也激活了当地的民族文化，促进了当地文化的长远发展，对当地文化的保护起到了积极的作用。当地政府把民族文化作为发展乡村旅游、经济的核心，势必会重视民族保护文化的开发与保护工作，落实立法保护民族文化、定期修缮文化遗址。

4. 打造南岭瑶寨旅游品牌

任何一种富有吸引力的旅游产品，应该是有特色的产品。南岭瑶寨聚落民俗风情丰富多彩，可以说，乡村旅游是瑶族聚落民俗文化的载体，而民俗文化则是乡村旅游的精神内涵，两者相辅相成，缺一不可。南岭山区瑶寨聚落民族特色鲜明，乡村文化丰富，其民俗文化资源不仅能带给旅游者新鲜独特感，还能使旅游者领略绚丽多彩的乡村文化和民俗风情。以瑶族文化为依托，将乡村文化开发为旅游文化，有利于打造出世界著名的旅游品牌。此处的乡村旅游文化开发是对乡村表层、中层、核心文化的开发。其中，乡村表层文化开发包括对聚落建筑、聚落景观等有形的乡村文化的开发,即通过旅游基础设施的建设开发将其开发为旅游景观;乡村中层文化开发是对聚落制度文化(游客与经营者处理个人与他人、个体与群体之间关系所制定的规范)与行为文化(游客与经营者在旅游活动中约定俗成的习惯定势行为)的开发;乡村核心文化较少被直接开发为旅游的精神文化,但是在旅游发展过程中能够体现深层的聚落文化,其形成的对本土文化的观念、态度以及接受外来文化的心态等都属于此类。[1]

5. 提升民族乡村农民素质

乡村旅游是外来游客直接进入旅游地观光游览的活动,他们所带来的城市文化会与聚落的乡村文化发生融合,形成一种聚落农民"城市观念化"的产物,丰富了聚落文化的内涵,从而带动聚落文化的发展。[2] 参与乡村旅游的游客大部分为城市居民,他们接受过良好的教育,不论是科学文化水平,还是文化素养都比较高。在和聚落农民进行沟通和交流的过程中,农民会受到其思想文化的熏陶,进而产生潜移默化的影响。同时,乡村旅游的发展要求更高技术的农业生产方式与更高水平的旅游经营管理。为满足这一需求,当地相关部门会着重培养一部分农民,使之成为发展乡村旅游的高素质复合型人才,这样就会激发聚落居民学习科学文化知识的积极性,如很多农民为了更好地发展旅游,实现其经营效益的提升,自觉地学习了普通话、计算机知识以及一些简单的导游知识等。另外,乡村旅游的发展也进一步提升了农村地区居民的法律意识,使其能够利用法律武器保护自身的权益。当地农民通过与城市游客的交流增长了见识,促进了城市化观念的普及,从而促进农民人力资源素质的整体提高。

---

[1] 郭凌,杨启智. 乡村旅游开发与乡村文化变迁[M]. 成都:西南财经大学出版社,2014.
[2] 何景明. 乡村旅游发展及其影响研究[M]. 北京:知识产权出版社,2013.

5.3.3 乡村旅游对聚落文化的消极影响

1. 造成瑶族聚落文化基因的异化

乡村旅游的本质就是向外来城市游客销售异（当地乡村）文化。所谓异，是指与城市文化相对的乡村自然环境、田园景观与农耕生活，在城市人眼中，那是他们憧憬的"心灵故乡"。[①] 乡村农耕文化与城市文化差异越大，城市人就越倾向于参与乡村旅游。而南岭山区长期以来封闭的环境使得其文化在面对外界影响时抵抗力弱，在外来文化与现代文化的冲击下，在城市游客财富和生活方式的示范效应下，南岭山区瑶寨聚落在发展乡村旅游文化的过程中渐渐失去了最本真、最具个性的色彩，使得城市游客在乡村旅游过程中并没有达到他们预期的追求，造成游客满意度下降。

造成这样的原因主要有两个：一个是聚落居民与城市游客之间存在差距巨大的物质基础与消费水平；另一个是来自经济较发达城市的游客，他们所接受的高水平文化教育会对经济发展落后的聚落文化产生重要的影响，在与游客交流中，聚落文化会不自觉地与城市文化看齐。当地居民在这样的情况下会对这种经济上的优越感与文化上的自豪感产生盲目信仰与模仿的行为，从而对自己所处的生活环境感到不满，在生活方式上盲目地看齐城市游客，甚至为了追求与城市游客同等的经济水平，在旅游中对游客实施欺骗、偷盗等有违道德规范的违法犯罪行为，破坏聚落原有的淳朴氛围与安定的生活环境。如此一来，城乡之间的差距虽然会日益缩小，但是聚落特色不再突出，城市游客也会因此而失去对乡村旅游的兴趣，最终造成聚落文化基因异化。

另外，从文化的角度来看，南岭瑶寨聚落乡村旅游文化在传播过程中互相采借对方的文化，但并不是完全意义上的采借外来文化。另外，对大多数游客来说，他们与当地农民之间的接触与交流是很短暂的，范围也很小，但对于当地农民则不同，他们几乎每天都在跟游客打交道，为他们提供接待服

[①] 何丽芳. 乡村旅游与传统文化 [M]. 北京：地震出版社，2006.

务或回答他们对当地文化的一些询问,他们之间的交流是长期持续不断。所以在相互影响上,显然当地农民受外来游客的影响较大,他们所带来的思想观念与文化会长期影响着乡村文化,很容易使南岭当地农村的民族文化发生错位发展和或朝着外来文化相近的方向发展。

2. 带来民族传统文化的庸俗化

南岭山区瑶寨聚落民族文化在乡村旅游发展过程中的作用,从本质上来讲,是满足外来游客对乡村文化求新求异的需求。但是,在旅游发展中旅游目的地会出现为了迎合游客对聚落文化的求异与猎奇需求,用符合游客审美与需求的方式对民族文化加以不合理的改造和包装,使原有的聚落文化失去了其原真性与真实内涵。以上行为会对聚落文化产生消极影响,对聚落民俗传统文化真实存在环境和意义造成破坏,从而导致民族传统文化的庸俗化。

3. 影响瑶族聚落居民价值观的改变

旅游者通过消费拉动当地经济增长的同时,也展现给了聚落居民不一样的行为方式,并将不同的思想观念在与当地农民的交流中也潜移默化地带到了聚落生活中。旅游者的穿着打扮与聚落居民截然不同,他们会在无形中将自己的行为方式、价值判断与思维理念传播和渗透到旅游目的地,对聚落居民长期的观念产生影响,甚至会引起农民盲目效仿,对当地生活起到"示范效应"。随着乡村旅游的开发,瑶族聚落乡村经济的发展,社区居民收入的变化,商品化、市场化行为的增多,势必会改变民族传统文化的价值观。民族传统文化的核心是价值观,热情、淳朴、真诚、重义是游客在乡村旅游中最为看重的。但随着经济在人们心中地位的加深,部分农民出现重经济利益而轻民族文化特色的价值观,在旅游产品开发过程中逐渐被商品所带来的利益诱惑。在某些乡村,与游客合影也被聚落村民看成是有偿行为，不禁让人唏嘘不已。[①]

4. 促使民族传统文化的商品化

乡村旅游在帮助农民打开新世界之门、带来新观念的同时，也给乡村的自然生活秩序与淳朴民风带来了极大的挑战。乡村旅游的发展很多时候是为了迎合客源市场的需求，将聚落民族传统文化进行了改造与包装，使其更具表演价值与商业价值，但殊不知其文化内涵已发生变异。

瑶族村寨聚落的大型民俗活动与节庆都是在每年特定时间、特定地点内举行的。随着乡村旅游的发展它们被不断地舞台化和商业化，为了满足远道而来游客的好奇心，他们会不定时、不定点地开展文化活动，并逐渐向"快餐式表演"靠近。"把文化当作商品展示，这对政府来说只需花几分钟的时间，而这一做法却把具有350年历史的传统仪式毁于一旦"。[②] 这样不加节制地改造瑶族聚落特有的民族文化，造成的后果无疑是使聚落文化失去其本真的色彩，文化价值也逐渐衰退。因而在旅游开发中，一定要避免此类文化现象的发生。

还有，瑶族聚落旅游的纪念品是为游客带去美好回忆的载体。在如今，这些旅游纪念品变得随处可见，制作工艺也较为粗糙，已经没有了当地的传统文化风貌。当这类纪念品被旅游者购买后，看到他们展示的纪念品的潜在游客也会因此产生不好的印象，进而给瑶寨聚落的游客带来较差的印象。

5. 发现瑶寨聚落"文化孤岛现象"

南岭瑶寨乡村旅游的发展需重视旅游者对异质文化的需求，深度挖掘瑶族文化的内涵，开发、创作、设计特色的瑶族文化内涵丰富的旅游文化项目，诸如瑶族居民表演的舞蹈、地方民族习俗活动等，这些便是所谓的旅游所促成的文化复兴现象。实际上，这些活动构成了文化的另一种形态，即旅游文

---

① 付·吉力根. 浅析旅游开发对民族文化变迁的影响[J]. 北方经济，2007（10）：54-55.
② 马晓京. 国外民族文化遗产旅游原真性问题研究述评[J]. 广西民族研究，2006（3）：185-191.

化艺术。它与纯粹的旅游文化者的体验文化有一定的区别和联系。

可以说，旅游文化艺术是作为旅游地的民族聚落中，居民为游客的旅游活动所特意展示的一种新的文化形式，最具乡土性的文化依然存在于游客未参与的乡村生活中。一旦游客参与进来，聚落本土文化就会发生变化，向大量采借外来文化的旅游文化艺术转变。当地的居民在利益的驱使下，也会把接待游客并满足游客对这种文化的需求作为发展旅游的主要途径，使这种新式文化成为旅游文化的重要部分。南岭瑶寨聚落如此浓郁的民俗风情，单凭旅游文化艺术是不可能完全呈现出来的，毕竟南岭的聚落乡土文化是与南岭独有的历史与环境相依存的。真实的文化与这种舞台化的文化并存时，那种专门呈现给旅游者的文化表演很可能已经割断了连接本土原始文化与其所依托的社会、历史和环境这个母体间的脐带，它形式上可以愉悦旅游者，但内核注定是成为真实文化虚假的面具。

5.4 南岭瑶寨聚落文化保护发展的动因

从马克思的经济基础决定上层建筑来看，文化是经济发展的果，并反作用于经济基础。文化作为当前被公认的一种生产力，已成为了经济发展的因，其拥有独立自主性、发展性和历史性。文化在反映社会物质生产的过程的同时，也作为一种社会生产力而存在。在旅游业的发展下，南岭聚落文化的保护和发展受其内部经济、社会、环境影响的同时，也深受其外部经济、社会、环境的影响，如科技发展、政策导向、市场需求和市场竞争等。

5.4.1 南岭瑶寨聚落文化保护发展的外部动因

1. 外部经济因素

（1）农业经济外部效益较低

南岭瑶寨地处偏远山区，且耕地往往为高低起伏的山地，其农业发展处于传统农耕阶段。在传统农耕社会中，由于生产技术不发达、社会生产力低下等因素影响，农产品的绝对价值较高，农业是主要经济支柱产业。但随着社会科技的发展，大批量农场式的农业种植使得农产品的绝对价值被拉低。南岭瑶寨的传统农耕技术使得农产品的投入成本增加，而产出效益却随着社会发展而变低，甚至开始出现大量土地荒废现象。其中有少数村寨为提高农业经济收益，进行了批量特色产品种植，使得村寨农业经济得到了较好的发展。如恭城红岩村改传统水稻种植为月柿种植，并获得了比较高的经济效益。

（2）三大产业融合发展势头迅猛

南岭瑶寨传统农耕家庭主要依靠农业为生，由于地处偏远山区且交通不便，多处于自给自足的相对封闭状态中。随着乡村振兴等战略的提出，瑶寨村寨的交通条件到了改善，农民逐渐走出大山寻找新的生计，导致农村大量劳动力外流，出现土地荒废等现象。2018年的"中央一号"文件明确指出要提升农业发展质量，促进农村三大产业的融合发展。农村三大产业的发展是指将农产品的生产、加工和销售进行系统的结合，通过三大产业的相互渗透融合发展为新型农村业态，以加快推进农业农村现代化发展。

2. 外部社会因素

（1）人口流动

随着社会生产的不断发展，在南岭瑶寨聚落中，传统的农耕生产已无法满足家庭的生活开支，越来越多的农民外出务工，农村开始"空废化"。这种流动属于农村向城市的单向流动，且流动人口大多为青壮年，使得农村人口结构出现变化，许多宅院、土地开始荒废。

（2）对外交流带来文化冲击

交通条件、经济条件的改善使得南岭瑶寨的对外交流逐渐增多。乡村旅游业的发展使得进出瑶寨的人不断增多，瑶寨居民对于自身文化价值的认知不清以及对外来文化的盲目崇尚导致瑶寨聚落文化受到了较大的冲击。根据调研结果显示，近年来，瑶寨聚落文化逐渐以较快的速度遗失。许多传统民族文化逐渐被外来现代化文化所替代，如传统工艺品被流水线机械制造产品替代，传统民族服饰被现代化服饰所替代，甚至连民族语言也逐步丧失。民族文化不自信及外来文化的入侵加剧了南岭瑶寨聚落特色文化的衰落和民族传统文化的遗失。

（3）农村社会组织制度的变革

不同社会组织模式下所对应的社会发展目标、动向及规律皆有所不同，农村社会组织制度的变革对南岭瑶寨传统聚落的环境改变和发展起着至关重要的作用。在传统南岭瑶寨聚落中有着较为原始的社会组织形式，主要有巴瑶老制、石牌制等，这些组织形式也逐渐退去。随着社会组织制度的变革，目前南岭瑶寨的社会组织主要有合作社、互助协会等多种形式。

（4）美丽乡村建设

2013年国家农业部启动了"美丽乡村"创建活动，南岭瑶寨地区在政策的引导下得到了较好的建设，其生态环境、卫生、基础设施建设均得到了很大的改善，乡村旅游业也得到了更好的发展。美丽乡村建设是推动南岭瑶寨聚落乡村旅游发展的主要因素之一，也是南岭聚落文化保护的外部社会因素之一。2015年政府颁布的《美丽乡村建设指南》，将以往的美丽乡村建设从方向性概念转化为了定性、定量、可操作的工作实践，为全国提供了框架性、方向性技术指导，成为全国首个指导美丽乡村建设的国家标准。该指南中指出美丽乡村是经济、政治、文化、社会和生态文明的协调发展，是规划科学、生产发展、管理民主、乡风文明、宜居宜业的可持续发展乡村。

3. 外部环境因素

（1）交通不便利

交通条件的便利性直接影响到了乡村旅游目的地的客流量。南岭瑶寨多处于偏远山区，其交通条件往往较差，距离高铁站、汽车站等交通枢纽往往较远，目前大多村寨与城镇间的交通方式均为班车，部分村寨一天仅一趟班车，交通十分不便，游客多采用自驾游的方式前往目的地，这给乡村旅游业的发展带来了一定的阻力。

（2）基础设施的发展

在乡村旅游发展背景下，民族村寨的基础设施大致可分为硬件设施、辅助设施和服务设施三大版块，具体可分为吃、住、行、游、购、娱六个方面。[①] 基础设施建设不完善是南岭瑶寨聚落发展所共同存在的一个问题，多数村寨在交通、住宿、餐饮等方面还存在较大的问题。良好的基础设施建设不仅能够提高居民的生活条件，而且还能为游客提供更好的服务，从而促进乡村旅游业的发展。随着乡村振兴战略的实施，民族村寨的基础设施建设得到了进一步发展，但由于民族村寨所获得的开发资金有限，其基础设施没能得到较好的完善和维护，无法为游客提供高品质服务。

（3）自然资源的吸引力

乡村旅游开发的主要目的是充分挖掘旅游目的地的特色旅游资源，有效增加旅游目的地的旅游吸引力。传统民族村寨的选址十分注重对自然优势的利用，村寨往往坐落于枕山、环水、面屏、并拥有广阔耕地的地理位置。南岭瑶寨地处偏远山区的优势使其独特的自然资源得到了较好的保护，其山水资源十分丰富且别具一格，这种宁静的山水田园风光对常年居住于都市的人具有强大的吸引力。

5.4.2 南岭瑶寨聚落文化保护发展的内部动因

1. 内部经济因素

（1）农家乐旅游经济收入增加

随着南岭瑶寨乡村旅游业的不断发展，村寨的旅游经济收入逐渐增加。

[①] 董丹丹. 乡村旅游基础设施建设研究 [J]. 农业经济，2020（4）：43-45.

其收入主要来源于农家乐和民宿经营。村民所提供的旅游服务中，蕴含着大量的民族特色文化，如民族特色饮食、民宿中融入的传统文化元素等，促进了当地南岭瑶寨聚落文化的对外传播。

（2）瑶族家庭消费观念的变化

从马斯洛需求层次理论来说，人首先满足的是自己的生理需求和安全需求。南岭瑶寨多处于偏远山区，其经济条件较落后。在过去，寨中居民的消费观念大多还停留在衣食住行等基本需求层面。随着经济的不断发展，寨中居民的经济条件得到了改善，其消费开始从基本需求层面逐步扩展到精神需求等方面，也越来越注重对于南岭瑶寨聚落文化的保护与传承。

（3）城镇化发展的引力

在乡村振兴政策的驱动下，南岭瑶寨的环境建设得到了较大的改善。为推动城镇化建设，在政府的引导和补贴下，许多民族村寨从传统居住村落搬迁至新型农村社区。目前村寨中多为含有民族文化元素的独栋小洋楼式建筑，在新村建设中也大量地融入了传统民族传统聚落文化的建筑形式，促使村民关注和保护传统聚落文化。

（4）新型农村社区建设的效益

南岭瑶寨传统村落的选址往往地处偏远地区，其基础设施、交通设施等相对较差。新型农村社区建设往往采用移民搬迁的方式进行，其村寨选址是根据现代城镇化发展的各要素综合决定的。新型农村社区建设的实施使得居民的居住环境得到了较大的改善，其房屋建设较为规整，基础设施建设较为完善，交通条件也相对较为发达，促进了当地村民的对外交流。

2. 内部社会因素

（1）瑶族人口结构及家庭构成结构

民族村寨人口结构一般分为自然增长和机械减少两个方向：当村寨人口处于

自然增长状态时，村寨住区建设规模呈现扩张趋势；当村寨人口处于机械减少状态时，村寨开始产生"空废化"现象，其瑶族聚落文化也被稀释。瑶寨居民的文化水平、年龄结构、职业结构等也是南岭瑶寨聚落文化保护的内部影响因素。此外，家庭的构成及生计方式的转变同样也是聚落文化保护的直接推动因素之一。根据抽样调查结果发现，红岩村居民文化水平均不高，学历大多停留在中小学阶段，村中居民大多以务农或外出务工为生，留守村寨的居民大多为中老年或孩童。

（2）瑶族家庭演变规律

瑶族的婚嫁形式主要为嫁女，其次为招郎入赘。在新中国成立以前，瑶族有着不与外族通婚的习俗，同族群间的婚嫁习俗使得瑶寨聚落文化得到了很好的保存。新中国成立后，瑶族与外族的通婚现象逐步增多，一个家庭融入一个外来族群人口后势必会带来不同的民族文化，且随着时间的不断推移，外来人口增多同时也加大了外来文化的输入，一定程度上使得当地瑶寨聚落文化受到了一定的改变。

（3）传统瑶族文化习俗与观念

传统瑶寨聚落中拥有丰富的文化习俗和观念，其共同构成了丰富的瑶寨聚落文化。南岭瑶族地区拥有丰富的民风民俗、传统技艺、文学艺术等民族文化。瑶寨居民的观念在南岭瑶寨聚落文化保护中起着关键作用。瑶寨居民当前对于民族文化的认知主要停留在其经济价值层面，当他们认为某种文化能为其带来经济价值时，便会予以保留。当他们认为某种文化已经没有任何经济价值时，便会舍去，从而导致民族文化的遗失。例如，传统瑶族服饰耗费成本高且制作不便，而现代服饰拥有制作成本低、穿着舒适等多种优点，因而在大多数瑶寨其传统民族服饰已经逐渐被现代服饰所取代。

（4）瑶族对文化发展的适用性

乡村旅游业发展的吸引力是来自于游客对异文化的追求，对于传统瑶寨聚落文化的保护可以有效促进地方乡村旅游业的发展。把传统文化融入瑶寨居民的生产生活是提高文化发展的适用性的一大重要举措，应当创建瑶寨聚落文化保护体系，使其在意识形态建设中发挥引领作用，在民族村寨文化自信建设中发挥主导作用。乡村旅游的发展为瑶寨聚落文化的保护带来了新的契机，将聚落文化进行生产性重构，提高了文化发展对于瑶寨居民的适用性，从而使其自发地参与到聚落文化的保护与传承中去。

3. 内部环境因素

（1）美丽乡村建设的示范作用

美丽乡村建设是传统聚落在乡村振兴政策引导下大力发展而来的成果。美丽乡村建设可以有效地促进聚落的基础设施、生态环境等优化，使得聚落居民拥有良好的生活条件，进而自发加入到美丽乡村建设队伍中。同时，建设较好的村落可以有效发挥示范作用，进而促进周围村落的建设与发展。

（2）农旅融合的变化

随着新时代农业发展的变化，大量聚落已经脱离了传统农耕社会，开始有针对性地进行特色农产品生产，如红岩村将传统的水稻、玉米等种植转变为月柿种植。生产方式的改变使得其农耕文化也产生了较大的变化。此外，批量农产品的种植形成了独特的农业景观，引来大量的游客观光，形成了"农业+旅游业"的农旅融合发展模式。红岩村每年都会举办长达月余的月柿节，是农旅融合发展村寨的典型代表。

（3）环境发展需求

乡村旅游业的发展使得南岭瑶寨聚落环境也发生了较大的改变，旅游公共设施的建设使得村寨的传统建筑文化也发生了改变，包括建筑格局、方位、设计规划等。为适应乡村旅游业的发展需求，南岭瑶寨聚落将现代文化与传统聚落文化进行了充分的融合，进而形成一种乡村旅游业态下的南岭瑶寨聚落文化空间。这种环境发展需求不断地促进了当地传统聚落文化的保护和发展。

(4) 文化经济效应显现

南岭瑶寨乡村旅游业的发展与当地文化发展有着密切的联系。聚落文化是乡村旅游业发展的核心和灵魂，是村寨旅游吸引力的源泉。满足游客需求的旅游资源集中体现在了代表地方民族特色的聚落文化上，如传统手工技艺、民风民俗、特色饮食等。聚落文化的保护和发展使得旅游目的地的游客逐渐增多，聚落文化的经济效应逐渐显现，使得居民更加清晰地认识到聚落文化的经济价值，从而自发地参与到聚落文化的保护与传承中。

5.5 南岭瑶寨聚落文化保护发展的动态变化

5.5.1 南岭瑶寨聚落文化在乡村旅游发展前的被动保护

1. 经济落后缺少保护动力

南岭瑶寨聚落因其特殊的地形地貌，在与自然长期协调发展中形成了鲜明的地域特征，构成了文化价值丰富、保存较为完整的聚落文化。但也因其地理位置较为偏僻，使得南岭瑶族地区经济发展比较落后，而极具异域风情的瑶寨聚落文化能够极大地推动当地旅游经济的发展。随着地方政府对经济效益的不断追求，瑶寨聚落文化的经济功能逐渐凸显，充分开发利用瑶寨聚落文化日益成为社会经济发展的主要方式。瑶寨聚落文化越丰富，保护得越完整，人们的收入就越多，地方经济发展水平也越能够得到提高。这使得人们在纯粹的经济利益的驱使下忽视了聚落文化的内涵，对聚落文化保护工作的规律性与艰巨性缺乏正确的认识，因而南岭瑶寨聚落文化保护呈现盲目被动的特征。

2. 意识局限造成保护差距

在乡村旅游发展之前，南岭瑶寨聚落文化的保护主要依靠政府、专家和相关专业人员的支持。但是，其保护和改造的方式存在诸多问题，具体体现在南岭瑶寨聚落文化的保护与发展方面。广大干部群众的认识水平比较滞后，没有充分认识到保护和发展民族地区聚落文化的重要性、紧迫性和长期性。对于一些历史文化名村或者特色民族村寨，在地方政府荣誉观的追求和抢救式保护思维迁就下，其保护措施往往落在对聚落过去原真性的保护、文物建筑的修缮等方面。聚落文化内涵的传承与发扬以及人为的宣传活动没有及时跟上，导致聚落村民对于自身文化的价值与意义缺乏足够重视，再加上村民对城市生活的极度向往和自身文化素质的局限，进一步加重了他们不看好当地文化发展前景的程度，造成南岭瑶寨聚落文化的保护工作与真正意义上的保护存在一定差距。

3. 政府主导带来保护偏差

在乡村旅游发展之前，南岭瑶寨聚落文化的保护发展是传统的自上而下的模式，由政府响应国家号召并以政府为中心进行相关政策的落实、保护规划的编写与实施、专项资金的筹集以及社会公众的动员等工作部署。社会组织及普通群众则听从政府部门安排，处于一种被动地位。在实践过程中，他们大多数都很关注自己所得的利益，再加上政府的相关信息通过层层传递导致的滞后性，使得社会组织及普通群众在对待瑶寨聚落文化的保护上缺乏相应的自发性和主动性，而政府作为主导力量在面对这一现象时也表现出"分身乏术"的特征，致使保护和发展南岭瑶寨聚落文化的工作执行难度增加，实施成效与预想效果产生一定偏差。

4. 居民被动参与缺乏保护热情

南岭瑶寨聚落居民是瑶寨聚落文化的主要生产者、创造者和发展者，正是他们赋予聚落文化活的生命力，因而保护与发展南岭瑶寨聚落文化离不开当地居民的广泛参与。但在乡村旅游发展之前，居民民主意识由于比较薄弱，对聚落文化的保护缺乏正确的认知，且缺乏有效的引导措施，当保护工作与居民自身的利益产生冲突时，他们的参与热情度就会下降，积极性也随之降低。对于政府公示的保护目标、规划、宣传等内容，居民通常是被动接受，与政府等相关部门缺少有力的配合。这样就会导致相关政府部门的聚落文化保护发展工作，因得不到聚落居民的大力支持，而造成最终的保护工作不接地气，甚至还会造成政府与居民之间的矛盾。

5.5.2 南岭瑶寨聚落文化在乡村旅游发展后的主动保护

1. 三产融合发展带来主动保护经济活力

在国家大力推行实施乡村振兴战略、发展乡村旅游以及强调文化自信的背景下，在发展乡村旅游过程中，南岭地区充分利用自身良好的农业基础、优越的生态环境与独具特色的民族文化旅游资源，通过对"旅游+"模式的不断探索，将旅游与农业、林业、文化、教育等深度融合，倾向于一、二、三产业融合发展。事实证明，产业融合发展促进了南岭地区传统农业向现代农业的转变，拓宽了聚落农民的增收渠道，为瑶寨聚落经济的发展注入了新的活力。在这一过程中，无论是政府、企业、社会组织还是农民，都清楚地认识到了文化内涵、品质的保护与文化创新发展在乡村旅游中的重要性，对南岭瑶寨聚落文化的保护逐渐从被动保护走向了主动保护。

2. 旅游收入增多激发主动保护动力

南岭瑶寨乡村旅游的发展给当地带来了大量的人流、物流、资金流，随着游客数量的不断上升，旅游需求的不断增加，南岭瑶寨与旅游相关的吃、住、行、游、购、娱等旅游基础配套设施得到了完善，很大程度上增加了游客的承载量，这也有助于当地的产业结构的调整，促进旅游经济收入的提高。乡村旅游开发后，南岭瑶寨经济实力的提升为南岭瑶寨聚落文化的保护奠定了良好的经济基础。南岭瑶寨同胞深刻认识到聚落文化在乡村旅游开发中的重要性。因此，南岭瑶寨的瑶族同胞更加主动积极地挑起保护南岭瑶寨聚落文化的重担，注重不同地区文化间的交流合作，主动汲取外来优秀文化，创新自身文化发展形式和内容，期望形成以旅游业为依托，以瑶族服饰、瑶族饮食、瑶族节庆、瑶族工艺品等为主要内容，打造南岭瑶寨聚落文化为品牌的南岭瑶寨乡村旅游良性发展产业链，建设富裕南岭瑶寨。

3. 文化兴寨增强保护意识

南岭瑶寨聚落文化在一定程度上能够反映聚落的演变历史，作为瑶寨聚落的内在魅力，是各地方政府、村民认同感、归属感和自豪感所在。通过瑶寨聚落文化，人们可以直接感知民族的历史，展望民族的未来。在国家大力发展乡村旅游，强调充分发挥文化在乡村旅游中的重要作用，各地方政府和村寨聚落居民都普遍认识到，文化正在逐渐演变成为乡村旅游的核心竞争力。政府在保护与发展聚落文化方面，有了更深层次的认识与足够的重视，意识到了要以保护式开发民族文化的内涵为前提，充分发挥民族文化在南岭瑶寨乡村旅游发展中的核心地位与重要价值。

4. 政府牵头提供主动保护政策

南岭瑶寨聚落文化的保护与发展，还得益于政府在各方面所提供的保障。在政策保障方面，政府积极出台了一系列相关的政策和法规，进一步规范了聚落文化的保护行为；在财政保障方面，政府统筹整合各种社会资金，大力支持瑶寨聚落文化的传承发展的重点项目；在调动社会力量方面，政府机构积极调动社会各界参与保护的积极性，为社会各界尤其是具备资质的机构、企业、社会团体和个人参与民族文化保护公益性活动创造条件；对于瑶寨聚落的基层村委方面，积极发挥广大党员干部的榜样作用，发挥新乡贤的特殊作用，同时还制定一些扶持政策以促进回乡精英利用他们的知识和经验为聚落文化保护发展做贡献。正是因为政府对瑶寨聚落文化的保护和发展提供了全方位的保障，社会各界力量及群众才能够积极热情地参与到相关工作中。

5. 村民主动参与保证主动保护效果

在南岭瑶寨发展乡村旅游的过程中，南岭瑶寨村民主动参与乡村旅游，主动参与南岭瑶寨聚落文化保护工作体现在两方面：一方面是政府等相关部门通过开展有关聚落文化保护的各种培训、讲座等专题教育活动，为保护南岭瑶寨聚落文化创造了良好的舆论氛围，对提高村民的主动参与意识起到了至关重要的作用；另一方面村民与游客之间频繁交流，扩大了他们的文化视野，增加了他们对聚落文化价值的认可，提高了他们的文化自信与文化自豪感。因此，南岭瑶寨社区居民在南岭瑶寨聚落文化的保护上，作为瑶寨聚落文化的传承与发扬的主体，参与保护与发展聚落文化的主动性高，能够切实保证聚落文化的保护效果。

第6章 乡村旅游对南岭瑶寨聚落文化保护与发展的实证影响研究

6.1 南岭瑶寨乡村旅游发展周期

6.1.1 乡村旅游目的地生命周期发展

乡村旅游目的地因其特殊的地理位置而呈现出其显著的特点。乡村旅游目的地生命周期是旅游地生命周期在乡村领域中的一个应用，所以旅游地生命周期理论同样适用于乡村旅游研究。旅游地生命周期理论是由市场营销学中的产品生命周期理论不断发展而来的，是描述旅游地发展演化过程的一种理论。[1] 目前，被公认并广泛应用的旅游地生命周期理论模型是由 Butler 提出的。[2]《基于旅游地生命周期理论的乡村旅游产品的发展与创新》一文，旅游地都经历了一个相对一致的演变过程：发现（discovery）、成长（growth）、衰落（decline）；[3] 美国学者 Stansfield 在研究美国大西洋城旅游发展时也提出了类似的观点。[4] 关于旅游地生命周期的应用，Debbage 以巴哈马天堂岛为案例，探索了旅游目的地生命周期的

---

[1] 罗娟，黄艳萍. 桂林旅游地生命周期定位分析 [J]. 毕节学院学报，2010，(2)：93-97.

[2] Butler R. The Concept of a Tourist Area Cycle of Evolution: Implications for Management of Resources [J]. Canadian Geographer, 1980 (1): 5–12.

[3] 汤文奇. 基于旅游地生命周期理论的乡村旅游产品的发展与创新：以南京市大塘金薰衣草庄园为例 [J]. 旅游纵览（下半月），2019（2）：42–43.

[4] Stansfield C. Atlantic City and the Resort Cycle [J]. Annals of Tourism Research, 1978, 5 (2): 238–251.

第6章　乡村旅游对南岭瑶寨聚落文化保护与发展的实证影响研究

影响因素;[1]Kozak和Martin以土耳其为例，对旅游目的地客源市场进行细分;[2]Pilving等人以爱沙尼亚为例，根据旅游伙伴关系生命周期模型，用定性的方法对爱沙尼亚乡村旅游伙伴关系的可持续性进行了分析。[3]就国内而言，张文总结归纳了影响旅游目的地生命周期的因素。[4]此后，国内学者开始对该理论进行多方面的实证研究与理论探讨。许春晓通过对旅游资源、旅游产品、旅游地三者概念的界定，进一步论证旅游地生命周期理论;[5]保继刚对该理论发表了论证，他认为该理论对改善旅游地发展规划、实现旅游地系统提升、促进旅游地的可持续发展具有重要的意义;[6]杨效忠等认为许多旅游产品从发展期到衰落期不一定是个完整的过程，许多景区也会出现中途衰落的情况;[7]许静娜从动态视角研究了旅游地生命周期的动态演变能力，并探讨了其处于不同阶段的特征;[8]赵影等基于旅游地生命周期理论对我国乡村旅游经济适应性管理进行了研究，以求真正推进乡村旅游经济的有效发展;[9]沈克以信阳郝堂乡村旅游发展

---

[1] Debbage K G. Oligopoly and the Resort Cycle in the Bahamas[J].Annals of Tourism Research.1990,（17）: 513-527.

[2] Kozak M, Martin D. Tourism Life Cycle and Sustainability Analysis: Profit-Focused Strategies for Mature Destinations [J]. Tourism Management, 2012（2）: 188-194.

[3] Pilving T, Kull T, Suškevics M, et al. The Tourism Partnership Life Cycle in Estonia: Striving towards Sustainable Multisectoral Rural Tourism Collaboration [J]. Tourism Management Perspectives, 2019（7）: 219-230.

[4] 孙仲明.旅游开发研究论集[M].北京：旅游教育出版社，1990.

[5] 许春晓."旅游产品生命周期论"的理论思考[J].旅游学刊，1997，12（5）：43-46.

[6] 保继刚.旅游开发研究原理·方法·实践：第2版[M].北京：科学出版社.2003.

[7] 杨效忠，陆林，张光生，等.旅游地生命周期与旅游产品结构演变关系初步研究：以普陀山为例[J].地理科学，2004（4）：500-505.

[8] 许静娜.基于生命周期论的旅游地动态能力演变研究[J].浙江旅游职业学院学报，2014（3）：15-18.

[9] 赵影，钟小东.基于旅游地生命周期理论的乡村旅游经济适应性管理策略研究[J].农业经济，2016（8）：38-40.

为实证，通过判断研究对象所处的生命周期阶段提出了成长性建议。[1]

南岭山区瑶寨聚落之间资源类型不同、开发力度不同、市场不同，发展乡村旅游所带来的影响也不同。因而所研究的乡村旅游目的地生命周期发展，指的是南岭山区瑶寨聚落文化在发展乡村旅游的过程中演化和发展的不同阶段，旨在最终达到可持续发展的目的。

6.1.2　乡村旅游目的地生命周期阶段及其特征

到目前为止，被学者们公认并广泛应用的旅游地生命周期理论是由加拿大学者 Butler 提出的 S 型旅游地生命周期演化模型。其主要观点是旅游地的演化一般要经历 6 个阶段：探索（exploration）、参与（involvement）、发展（development）、巩固（consolidation）、停滞（stagnation）、衰落（decline）或复苏（rejuvenation）（旅游地生命周期曲线如图 6.1 所示），[2] 各阶段都有其典型特征，见表 6.1。

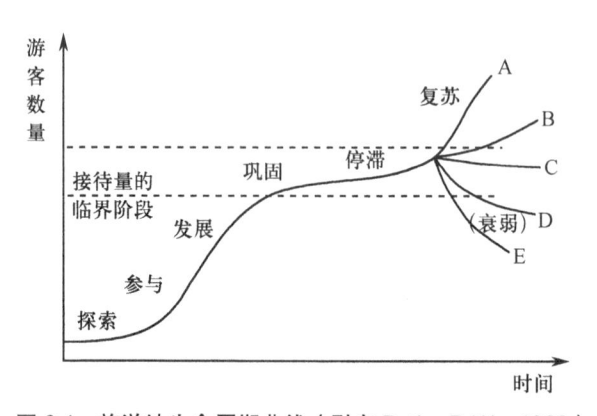

图 6.1　旅游地生命周期曲线（引自 Butler R W, 1980）

---

[1] 沈克.基于旅游地生命周期理论的乡村旅游成长性研究——以信阳郝堂村为例［J］.信阳师范学院学报（自然科学），2018, 31（1）：68-72.

[2] Butler R .The Concept of a Tourist Area Cycle of Evolution：Implications for Management of Resources［J］. Canadian Geographer，1980（1）：5-12.

第6章 乡村旅游对南岭瑶寨聚落文化保护与发展的实证影响研究

表6.1 巴特勒旅游地生命周期各阶段特征

阶段划分	典型特征
探索阶段	旅游地发展的初始阶段，旅游地只有零散的游客，没有特别的设施，其自然和社会环境未因旅游的产生而发生变化。
参与阶段	①旅游者人数增多，旅游变得有规律，本地居民开始为旅游者提供一些简单的设施。 ②广告随之开始出现，旅游市场范围基本可以被界定出来，旅游季节也逐渐形成，一些本地居民为适应旅游季节调整生活方式，迫使地方政府和旅游机构增加、改善旅游设施和交通状况
发展阶段	①在大量广告和旅游者的宣传下，一个成熟的旅游市场已经形成。 ②外来投资骤增，本地居民提供的简陋膳宿设施逐渐被规模化、现代化的设施所取代。 ③旅游地自然面貌的改变比较显著。
巩固阶段	①游客增长率下降，但总游客量将继续增加并超过常住居民数量。 ②旅游地大部分经济活动与旅游业紧密联系在一起，为了扩大市场范围和延长旅游季节，广告无处不在。 ③常住居民，特别是那些没有参与旅游业的常住居民会对大量游客的到来和为游客服务而修建的设施产生反感和不满。 ④旅游地在这一阶段有了界限分明的娱乐区、商业区，以前的设施有可能成为二级设施而满足不了需要。
停滞阶段	①旅游环境容量已趋饱和或被超过，环境、社会和经济问题随之而至。 ②旅游地的良好形象已不再时兴，旅游市场过多依赖于重游游客、会议游客等。 ③接待设施过剩，自然和文化的吸引物或许被人造设施所取代。
衰落或复苏阶段	①衰落阶段：旅游地市场衰落，已不能和新的旅游地相竞争；房地产专卖率（以旅游名义拿地，开发房地产业务）程度很高，旅游设施逐渐消失或被其他设施取代；本地居民介入旅游业的程度大大增加，他们以相当低的价格购买旅游设施；宾馆可能变为公寓、疗养院或退休住宅；最终，原来的旅游地可能变为名副其实的旅游贫民窟或完全失去旅游功能。 ②复苏阶段：旅游地采取增加人造景观吸引力、发挥未开发的自然旅游资源的优势，重新启动市场等措施增加旅游地吸引力而进入复苏阶段。

在衰落或复苏阶段有可能发生5种情况（如图6.1曲线A、B、C、D、E）：① 深度开发卓有成效，可促使游客再增加和市场扩大，如曲线A；② 较小规模的改造和调整，持续对资源吸引力的保护，客流量可以较小幅度地增长，如曲线B；③ 再调整满足各种容量水平，可遏制客流量下滑的趋势，使之保持在一个稳定的水平上，如曲线C；④ 过度利用资源导致的竞争能力降低会使得客流量显著下降，如曲线D；⑤ 战争、瘟疫或其他灾难性事件的发生会导致游客量急剧下降，如曲线E，这时想让客流量再恢复到原有水平极

其困难。如果衰落时间持续太久，旅游地即使解决了难题，对多数旅游者可能不会再有吸引力了。[①]

6.1.3　南岭瑶寨乡村旅游发展阶段

聚落文化作为南岭瑶寨地区发展乡村旅游的重要吸引物，其发展和演化过程必然会经历一个从探索到成长成熟再到衰落的过程，与巴特勒旅游地生命周期各阶段发展重合。课题组成员从 2014 年到 2018 年陆续对广西南岭山区聚落文化有代表性、发展有特色的瑶寨开展实地调研，选取乡村旅游发展过程中具有代表性的两个瑶寨作为实证研究对象并开展系列研究。一个是富川瑶族自治县的秀水村，其乡村旅游的发展处于参与期，一个是恭城瑶族自治县红岩村，其乡村旅游的发展处于发展期。

1. 富川秀水村

（1）探索阶段

秀水村是镶嵌在广西西北部的一颗璀璨明珠，这里不仅自然风光旖旎，而且人杰地灵。据查证，唐、宋、元、明、清时期，在县志记载的 133 名富川历代科举进士名录中，仅秀水村就占了 27 名，其中包括宋开禧元年乙丑状元——毛自知，所以又称"状元村"。该村因其历史文化悠久，村内景观特色鲜明，先后被评为中国历史文化名村、广西特色景观旅游名村。21 世纪初，游客陆续前往该村游览观光，此时的秀水村在巴特勒旅游地生命周期中属于探索阶段。

（2）参与阶段

随着时间的推移，慕名前往秀水村的游客越来越多。2010 年，秀水村列入全区城乡风貌改造二期暨贺州市城乡风貌改造一期工程。自城乡风貌工程

[①]　保继刚，楚义芳. 旅游地理学［M］. 北京：高等教育出版社，1999.

第6章 乡村旅游对南岭瑶寨聚落文化保护与发展的实证影响研究

实施以来，秀水状元村坚持规划先行，同时注重风貌改造与历史文化、乡村旅游相结合，与配套基础设施建设相结合的原则。2016年筹建秀水景区，全村有600多人实现就地就业，村民开始参与旅游经营活动。在开发建设的这些年，秀水村也相继获得过中国美丽休闲乡村、全省文明村、四在农家·美丽乡村建设示范村、乡风文明建设示范村等荣誉称号，使秀水村的乡村旅游迎来了发展良机。截至2018年，秀水村进入巴特勒旅游地生命周期的参与阶段，并逐步向发展阶段前进。

2. 恭城红岩村

（1）探索阶段

20世纪90年代，红岩村在政府的帮扶之下，开始进行月柿的种植以及基础设施的建设。21世纪初，红岩村作为恭城县的"富裕生态家园"建设试点进行了新的规划和建设。其在平江河两岸建起了几十栋外形较具特色的别墅式楼房，被称为红岩新村。红岩新村坐落别致，其周围山水秀丽、自然风光十分诱人，因而引来了部分散客到此游览。自此，红岩村的乡村旅游进入了探索期。

（2）参与阶段

在经过一段时间的发展之后，游客数量开始增加，当地开始大力发展乡村旅游，村寨正式进入其生命周期的参与阶段中。21世纪初期，红岩村开始进行"养殖－沼气－种植－加工－旅游"五位一体的乡村旅游建设。首先对其基础设施进行了完善，修建村寨大门，铺设柏油观光道路，并开始着手建立滚水坝、梅花桩、瑶寨风雨桥、月柿林观景台等旅游景观。此时村中居民开始为游客提供较为简易的饮食和住宿，2003年其举办了第一届月柿节，引来了大量的游客，红岩村正式进入了乡村旅游的参与建设阶段。

（3）发展阶段

在游客越来越多的情况下，当地开始有外来资本的进入，能为游客提供标准化的餐饮住宿服务。2005年11月，红岩村成为国家级农业旅游示范点。2013年9月，被评为全国休闲农业与乡村旅游五星级企业（园区）。2016年，红岩村被评为3A级旅游景区，其设施还在不断地完善中，随后对其建立停车场、游客服务中心、旅游公厕等。2018年，它被升级为4A级景区。如今，恭城红岩村的乡村旅游发展已经较为成熟，每年的接待游客数量不断上涨，人文地貌也发生了很大的改变。目前村中游客较多，旅游餐饮、住宿等基础设施已经相当完备，旅游市场相对成熟，招商引资成效明显，且当地大部分居民收入来源都与旅游经营活动密不可分，红岩村进入巴特勒旅游地生命周期的发展阶段，并不断向巩固阶段发展。

6.2 富川瑶族自治县秀水村实证研究

6.2.1 秀水村概况

据查证，在县志上记载有自唐、宋、元、明、清以来的133名富川历代科举进士名录，其中27人出自秀水村，包括宋开禧元年乙丑状元——毛自知，所以又称"状元村"，素有状元故里之誉。秀水建寨至今已有1300多年的历史，以"一村（秀水村）、两水（秀水河、青龙湖）、三山（青龙山、灵山、独秀峰）、四落（石余、水楼、八房、安福四小村落）"的分布特点，形成山、水、村、田园相互交融，人文与自然交相辉映的空间布局，保留着较为完整的街、巷、坊以及极具特色的民居建筑。[①]

2008年，秀水村被国家住建部和国家文物局授予国家历史文化名村荣誉称号；2012年，荣获中国特色村称号；2013年，荣获中国最美乡村、中国传统村落称号。因其山水风光秀丽、历史文化深厚、民俗风情浓郁，也被人称为中国瑶乡状元村、中国科举文化第一村、岭南第一古民居村落、广西小桂林。近几

---

① 沈东子.人居广西[M].桂林：漓江出版社，2015.

年，秀水村乡村旅游发展得如火如荼，又先后获得中国美丽休闲乡村、全省文明村、四在农家·美丽乡村建设示范村、乡风文明建设示范村等荣誉称号。

6.2.2 秀水村聚落文化基因梳理

本节主要从文化四元论的视角对瑶寨聚落文化进行调查分类，即从瑶寨聚落物质文化基因、瑶寨聚落精神文化基因、瑶寨聚落制度文化基因、瑶寨聚落行为文化基因四个方面展开问卷调研。

1. 秀水村聚落物质文化基因展现

（1）秀丽的自然山水

秀水村自然山水风光秀丽，如图6.2所示，有青龙山、青龙湖、坦川岭、鸡嘴山、独秀峰、毛公山及仙娘井、秀水河为代表的自然山水景观，故有"秀峰挹爽，钟灵毓秀"之雅称。村子因具有八大景观（三江涌浪、灵山石宝、眠兔藏烟、天然玉鉴、青龙卷雾、鳌岫仙岩、大鹏展翅和化鲤排云）而以"小桂林"著称。

图6.2 秀丽的自然山水[①]

（2）别具一格的地方建筑

村中保留有多处古道遗址和历史遗迹，形成别具一格的地方建筑特色。有登瀛风雨桥、古戏台、江东石拱桥、石岩寺、石刻、神童古墓、秀峰书院、状元楼、花街大坪、毛氏宗祠、古门楼牌匾、古民居建筑群等历史人

[①] 文中照片均为作者亲自拍摄。

文景观,固有天然博物馆之称誉。①秀水村历史文化底蕴深厚,村中粉墙黛瓦、飞檐戗角,民族建筑大多具有唐、宋、元、明、清时期的建筑特色,历史研究价值很高。状元楼、古戏台、古牌坊、古泉池、古照壁等一系列景观,以及历朝历代皇帝赐封和官府贺赠的各式古牌匾等共同构成了独特的古民居博物馆。

① 状元楼

状元楼是秀水村的标志性建筑,占地面积约400平方米,位于秀峰山下,始建于清代,如图6.3所示。建筑分上殿、下殿和庭院。楼前清澈的溪水缓缓流过。楼宇青砖黛瓦、飞檐翘角,兼具江南楼宇和寺庙建造特点。正大门上方斜挂三块金字匾额,居中为状元及第,文魁、进士分挂两边。状元毛自知的雕像位于上殿,而下殿是秀水村历朝历代26位具有很强艺术与研究价值的高中进士的人物肖像,香火袅袅。②

② 状元桥

横跨在东江河上,如图6.4所示。状元桥修建于宋代开禧年间,由毛氏族人出资为迎接状元毛自知荣归故里而修建。状元桥曾被破坏,仅剩下了桥台和桥墩,后经政府出资修复,状元桥的风貌得以恢复。

图6.3 状元楼 　　　　　　　图6.4 状元桥

---

① 《尚旅游图》编委会.广西,等你来[M].北京:星球地图出版社,2015.
② 沈东子.人居广西[M].桂林:漓江出版社,2015.

第6章 乡村旅游对南岭瑶寨聚落文化保护与发展的实证影响研究

③ 毛氏宗祠

统观秀水村毛氏宗祠的大门及各进士门楼，宽度皆在 1.25 米至 1.55 米之间，这正是秦汉时车舆辕架的宽度，且门的两边皆立有车轮形的石鼓、半车轮形的石月，门框石槛也被做成古车架的样子，如图 6.5 所示。据《毛氏族谱》记载，先人之所以将宗祠大门、进士门楼做成舆辕的形状，便是要记住祖先沿秦古道迁徙至此的不平凡经历和创业立寨的艰辛。

图 6.5 毛氏宗祠

④ 吉嘉孚门楼

门楼无瓦盖，呈半圆弧顶，白灰粉纸浆糊墙，洋气十足，如图 6.6 所示。门楼内街边的一些房子亦建成洋楼别墅的模样，直接嵌在粉墙上的"吉嘉孚"三个行书字的门楼名称、形式也与村中文魁、进士流檐盖瓦、烫金悬匾的门楼名称、形式大相径庭。

图 6.6 吉嘉孚门楼

⑤ 状元故里

"秀水"这个村名就充满了诗意和灵趣。因秀水自唐朝科举开考，先后出了1名状元、26名进士、17名举人，因此得到状元故里之誉，如图6.7所示。

图6.7　状元故里石碑

⑥ 仙娘庙

仙娘庙前有个小曲桥头，立有仿古牌坊坦川。进入门楼，有一水平坦如镜，占地颇广清澈透明，其圆如月，不溢不涸，这就是秀峰八景之四的天然王镜，又名坦川，俗称仙娘井，如图6.8所示。[1]

图6.8　仙娘庙

---

[1] 丁德斌，钟介保.中国古镇精华游2014版［M］.上海：同济大学出版社，2013.

第6章 乡村旅游对南岭瑶寨聚落文化保护与发展的实证影响研究

（3）村落格局

秀水古村村落格局有着很鲜明的儒家文化色彩，是中原文化与南岭聚落文化相互融合的产物，如图 6.9～图 6.11 所示，"唱到古今平"用来形容秀水村格局最合适不过了。它是以"一村、一台、一山、一水、一坪"为主要格局，"一村"指的是自然村，"一台"指的是古戏台，"一山"指的是后山，"一水"指的是前水，"一坪"指的是观戏坪。

图 6.9 秀水古村村落 1

（4）环村水系

秀水村的民居建筑与村周围的水流共同构成了秀水村的人居环境。村中居民将位于村西南的泉水分成了东西两条小溪绕村而过，该水流从东北角流入秀水河，由此营造出了"浣汲何妨汐路远，家家门前有清泉"的良好环境。

图 6.10 秀水古村村落 2　　　　图 6.11 秀水古村村落 3

2. 秀水村聚落精神文化基因展现

（1）状元文化

秀水村的文化以状元文化为主体，具体体现在村中古建筑等人文资源上。状元楼、状元桥、毛氏宗祠、吉嘉孚门楼、古楼牌等建筑记录和彰显着秀水村的状元文化。查阅历史得知，秀水村坐落在潇贺古道的东南侧。历史上潇贺古道连接了潇水和贺江，是古代中原沟通岭南最重要的交通要道之一，也是海上丝绸之路和陆路丝绸之路的重要对接点。位于潇贺古道东南侧的秀水至今仍保持着各种古道遗迹，比如状元坪的鹅卵石砌成的花街图案，象征着秦汉时期车舆的车轮与车轴。进士门楼的宽度与车舆辕架相同等，都是毛氏先人从潇贺古道迁徙至此的印记。古道的开通不仅加强了贸易往来，也便利了人才往来、信息交流等，这也是秀水出状元、进士和举人的原因之一。

（2）人居文化

秀水村一共有四座毛氏宗祠，占地面积最大的为八房村的有围合院落的宗祠，宗祠的正面是陈列的古牌位，四面墙上刻有反映民族生活故事的壁画。特色鲜明的是安福村的宗祠，分别为宗族牌楼和宗祠，均可作为祀奉先灵和节庆时村民聚集的场所。村里现存三座功能不一的古戏台，分别为坦川戏台、八房戏台和水楼戏台，如图 6.12 所示。秀水村尚存大约 16 座有进士或文魁牌匾的古牌楼，牌楼在中国古民居建筑中主要是展示宗族荣耀与名誉的地方，以此显示本宗族的显赫地位。

图 6.12 水楼戏台

（3）民俗文化

秀水村境内瑶族文化盛行其中，生动的舞狮舞龙、动人的蝴蝶歌、欢快的长鼓舞，展现着当地独特的瑶族文化。2008年，瑶族长鼓舞、瑶族蝴蝶歌等民俗活动被列入了国家级非物质文化遗产保护名录。

瑶族长鼓舞，是瑶族最具特色的一种民间舞蹈。传说瑶族始祖盘瓠上山打猎，与一头野牛搏斗的时候摔落山崖，死在一棵树上。于是人们便挖空树心，剥下牛皮蒙成长鼓日夜敲打祭祀盘王，瑶族长鼓舞也逐渐发展成为纪念盘王的一种仪式。

瑶族蝴蝶歌，是古老的传统民族文化，在富川瑶族自治县政府的重视与挖掘、开发和利用下，蝴蝶歌焕发出新的活力。秀水村民可以唱出"天上有云就有霄……地上有河就有桥……"这是流行于当地的蝴蝶歌。

3. 秀水村聚落制度文化基因展现

秀水村乡村旅游资源正在开发中，目前可以开展乡村旅游餐饮、住宿接待的山庄、农家乐并不多。其中，较具规模的为青龙山庄，如图6.13所示。除青龙山庄是全面开展旅游接待之外，其他家庭都是以农业种植为主，只有农闲在家时才开展乡村旅游接待，当地乡村旅游商品化经营和接待意识不强，展现的商品化旅游产品较少。

图6.13　青龙山庄

4. 秀水村聚落行为文化基因展现

秀水村民风淳朴、村民热情好客，受状元文化的影响，当地居民崇尚儒家文化，为人乐观向上。如若上前咨询，当地居民不仅会很热心地为你解答，甚至有的居民还会带路，有的还会推荐一些当地有名的旅游景点。

6.2.3 乡村旅游发展下秀水村聚落文化保护发展现状

1. 旅游发展促进政府重视，村民参与保护秀水村的聚落文化

国家历史文化名村、中国特色村、中国最美乡村、中国传统村落等荣誉称号的获得，让秀水村声名远扬，她吸引了建筑学、生态学、民俗学、旅游学等方面专家学者的到访，以及游客的关注。大量人流、信息流也引起了县政府和相关部门的重视，开始思考保护和开发秀水村聚落文化，让其转化成为造福当地村民的经济产业。

2. 政府斥资保护和修复秀水村聚落文化

为了进一步开发利用秀水村的聚落文化发展旅游业，政府将秀水村的保护和开发纳入城乡风貌改造工程中。2010年，秀水状元村非常注重本村规划，在改造的过程中将本村的历史文化、旅游发展、基础设施都考虑其中，突出桂北民居青砖小瓦、飞檐翘角、马头墙和江南水乡、小桥流水、绿树成荫相结合的秀水特色。秀水村非常注重古村落的修复工作，至今已完成状元楼维修、重要古建文物维修、风雨桥修复、秀水河整治等多项工程，恢复了秀水村旧时"飞檐翘角马头墙，玉题干栏万字窗，素瓦灰墙斜山顶，龙头凤尾伴太阳"的富川瑶族民居建筑特色的风貌。秀水村以一个全新的姿态迎接四面八方游客的到来。通过与当地的居民访谈得知，秀水村传统村落的修复吸引了更多的游客，而旅游的发展也为其聚落物质文化保护和发展提供了便利条件。

3. 政府、市场、村民发力，合力保护秀水村聚落文化

政府的引导、市场的推动、村民的支持，形成了一组合力共同推动了秀水村乡村旅游业的发展。山水风光、状元文化、古民居博物馆、民俗风情，满足了游客对秀水村的综合旅游需求。熙来攘往的游客不仅为秀水村的村民带来了村外现代文明的信息，也为他们带来了额外的旅游收入。村民在家中享受到了增收的乐趣，这让本来知礼好客的村民更加珍惜秀水村的聚落文化，也愈发注重在生活、生产中对秀水村聚落文化的保护和利用。

6.2.4 秀水村聚落文化游客的感知分析

富川秀水村旅游发展相对缓慢，从跟踪调研开始，游客较为稀少，但是随着对富川瑶族自治县秀水村旅游了解的逐渐加深，我们进行了问卷设计的修正工作。2017年4月26日到5月3日，课题组首先到富川文体和旅游局开展基本情况的了解工作，然后前往秀水村进行游客的问卷调查。调研过程中对游客一对一的发放问卷共计135份，获得有效问卷共120份，问卷有效率约为88.9%。

1. 样本分析

运用SPSS 22.0对问卷进行分析，在性别方面，男性有64名，占到53%；女性有59名，占到47%。年龄分布方面，21—29岁人群所占比例最大，为36%；60岁以上人群所占比例最小，为2%。受调查者职业方面，结果显示，120名游客中，销售人员和工人所占比例最大，分别达到了20%和28%；其次是学生，占比为17%。经济收入方面，在120名游客当中，税后月收入为2001元~3000元的人数最多，为53人，所占比例高达44%；3001元~5000元和1000元~2000元，所占比例分别为23%和16%。在受调查的120名游客中，来自广西壮族自治区的有73名，所占比例为61%，来自其他省的有42人，所占比例为35%，详见表6.2。

表 6.2　秀水村游客调查基本数据

项目	类别	百分比	项目	类别	百分比
性别	男	53%	客源地	广西壮族自治区	61%
	女	47%		其他省	35%
年龄	18—20 岁	17%		港澳台地区	4%
	21—29 岁	36%	游客的职业	政府公务人员	5%
	30—39 岁	20%		企事业管理人员	9%
	40—49 岁	17%		专业/文教技术人员	8%
	50—59 岁	8%		服务销售商贸人员	20%
	60 岁以上	2%		工人	28%
收入	1000—2000 元	16%		农民	4%
	2001—3000 元	44%		学生	17%
	3001—5000 元	23%		离退休人员	2%
	5001–8000 元	7%		其他	7%
	8001—10000 元	6%			
	10001 元以上	4%			

2. 游客感知分析

为了更好地了解游客对富川秀水村聚落文化发展保护的看法，课题组主要从聚落物质文化基因、聚落精神文化基因、聚落制度文化基因和聚落行为文化基因方面开展调查，了解聚落文化基因中各组成内容在游客感知中的重要性，问卷调查了秀水村以上四方面基因的旅游要素，以及游客对各要素的总体感受。调查问卷采用了李克特5级量表（Likert scale），这在问卷设计中运用广泛。它的基本形式是给出一组陈述，这些陈述都与某人对某个单独事物的态度有关。它的测量结果能看作是一个"准连续的变量"，可以使用较为复杂的统计工具对其进行分析。答案选项通常是五个等级，即非常不满意、不满意、普通、满意、非常满意五个等级，调查结果如表 6.3 所示。[①]

---

① 林建邦. 市场调研与预测［M］. 广州：中山大学出版社 .2018.

表 6.3 秀水村聚落文化基因保护的重要度均值

一级指标	二级指标	均值
聚落物质文化基因	聚落自然生态文化基因	4.25
	聚落农业种植文化基因	3.52
	聚落特色建筑文化基因	4.28
	聚落特色服饰文化基因	4.17
	聚落特色饮食文化基因	3.75
	聚落地方交通文化基因	4.42
	聚落环境保护文化基因	4.32
	聚落卫生整洁文化基因	4.48
	聚落旅游购物服务基因	4.07
	聚落购物纪念品文化基因	2.28
聚落精神文化基因	聚落节庆活动文化基因	3.73
	聚落娱乐项目文化基因	3.78
	聚落歌舞表演文化基因	3.53
	聚落宗教信仰文化基因	3.65
	聚落民风民俗文化基因	3.80
	聚落历史遗存文化基因	3.45
聚落制度文化基因	聚落居民商品经济意识文化基因	3.15
	聚落服务产业商品化文化基因	2.73
聚落行为文化基因	聚落居民文明礼仪文化基因	3.80
	聚落居民友好待客文化基因	4.12

（1）秀水村瑶寨聚落物质文化基因分析

在秀水村瑶寨聚落物质文化基因中，主要包括聚落自然生态文化基因（稻谷、烟叶）、聚落农业种植文化基因（蔬菜、水果等）、聚落特色建筑文化基因（瑶族风雨桥、状元桥、状元庙、毛氏祠堂等）、聚落特色服饰文化基因、聚落特色饮食文化基因（油茶、梭子粑粑等）、聚落地方交通文化基因（紧邻106国道）、聚落环境保护文化基因、聚落卫生整洁文化基因、聚落旅游购物服务文化基因和聚落购物纪念品文化基因。

这些是秀水村乡村旅游发展的基础，调查结果显示游客整体评价比较满意。在具体游客感知中，让游客印象深刻，得分最高的是聚落卫生整洁文化基因（4.48分）；得分最低的是聚落购物纪念品文化基因（2.28）分。感知分值从高到低依次为聚落卫生整洁文化基因（4.48分）、聚落地方交通文化基因（4.42分）、聚落环境保护文化基因（4.32分）、聚落特色建筑文化基因（4.28分）、聚落自然生态文化基因（4.25分）、聚落特色服饰文化基因（4.17分）、聚落旅游购物服务基因（4.07分）、聚落特色饮食文化基因（3.75分）、聚落农业种植文化基因（3.52分）、聚落购物纪念品文化基因（2.28分）。

在南岭瑶寨乡村旅游发展过程中，干净、卫生、整洁的乡村旅游目的地是游客首选，其次是交通要便利。乡村旅游客源中有60%的游客是自驾车出行。在南岭瑶寨乡村旅游发展中，传统的瑶寨聚落环境、特色建筑、自然生态、特色服饰、购物、饮食、农业种植等物质文化基因都是乡村旅游的重要吸引力，是游客关注的热点和焦点。因而要发展好当地的乡村旅游，就需要加强瑶寨聚落物质文化基因的保护与发展。

（2）秀水村瑶寨聚落精神文化基因分析

秀水村的聚落精神文化基因中，传统的瑶族节庆活动、丰富多彩的瑶族民风民俗活动，瑶族蝴蝶歌、长鼓舞、瑶族宗教信仰及状元文化遗存文物共同组成了秀水村丰富的聚落精神文化基因。它们整体均值得分为3.66分，得分较高，游客评价在满意与比较满意之间，评价尚可。游客感知中，让游客印象深刻、得分最高的是聚落民风民俗文化基因（3.80）分；得分最低的是聚落历史遗存文化基因（3.45）分。感知分值从高到低依次为聚落民风民俗文化基因（3.80分）、聚落娱乐项目文化基因（3.78分）、聚落节庆活动文化基因（3.73分）、聚落宗教信仰文化基因（3.65分）、聚落歌舞表演文化基因（3.53分）、聚落历史遗存文化基因（3.45分）。

南岭瑶寨中，特色的瑶族聚落民风民俗活动、欢快有趣的民族歌舞娱乐文化表演及瑶族特色节庆活动是旅游发展的重要吸引物。南岭瑶寨聚落精神文化基因组成内容越受游客关注与重视，南岭瑶寨社区居民越有干劲和动力投入到瑶族民俗民风、娱乐及节庆活动中，开发和设计、保护和传承瑶寨聚落精神文化，使游客需求与村民愿望两者完美统一起来，让乡村旅游与瑶族聚落精神文化基因组成活动共生共荣。

（3）秀水村瑶寨聚落制度文化基因分析

秀水村聚落制度文化基因中，当地村民已形成了初步的旅游接待经营意识，但是受当地旅游接待基础设施的影响，制度文化基因中聚落居民商品经济意识文化基因得分高于聚落服务产业商品化文化基因，得分分别是3.15分和2.73分。在乡村旅游目的地的旅游接待中，游客对旅游接待的关注度较高，而秀水村乡村旅游处于发展阶段，一切都在逐步完善当中，故游客的反馈印证了当地旅游发展周期。

（4）秀水村瑶寨聚落行为文化基因分析

秀水村的聚落行为文化基因中，村民表现出来的热情好客、淳朴自然的天性给游客留下了深刻的印象。聚落居民文明礼仪文化基因和聚落居民友好待客文化基因得分较高，分别为3.80分和4.12分，在游客感知中属于高分值行列。

6.2.5　秀水村聚落文化保护发展存在的问题

1. 传统乡村风貌受到破坏

秀水村当地的一些特色建筑时代久远，传统的原始风貌都在一定程度上遭到了破坏。政府对村内一些老旧建筑尽管进行了修复，但是村内的传统古老建筑由于经年累月缺少人烟气，残败速度加快。然而，村中古建筑的原始风貌一旦遭到破坏，很可能无法恢复。有的虽然可以修复，但是需要大量的人力、物力和财力，这给聚落物质文化的保护工作带来极大的困难。为了提高土地利用率，相关部门加快了城乡一体化的进程。然而随着城镇化进程的不断加快，古村落在这种大面积的土地利用和建筑改造之中就出现了问题。相关部门对村落中一些古建民居、古街巷原有风貌的价值有错误或不恰当的估计，导致一些具有特色的建筑被拆除或被破坏。同时，他们没有从保护乡村聚落历史风貌的角度出发，对于原来的乡村聚落布局、空间结构和文化没有足够重视，导致了很多的地方都是盲目去模仿一些大中城市的建设布局和风格，反而与聚落整体的布局格格不入，严重破坏了秀水村长期形成的历史脉络与格局。

2. 民族服饰无法得到延续

随着当地的居民对于服饰的追求越来越现代化、时尚化，对传统的民族服饰的重视程度也大打折扣，有一些民族服饰的制作工艺甚至已经失传。村寨中仅有一些老一辈的居民还在穿戴一些当地有特色的民族服饰，或是在节庆表演活动中才能唤起当地村民对瑶族服饰的回忆。调查组经过对当地的一些居民访谈中得知，由于传统瑶族服饰制作时间长、花费大，在很多村民眼中是耗时、耗力的活，没有市场上购买的现代服饰那么方便。因此在趋简避繁的心理下，村民们越来越多地追求趋于简单便宜又便利的现代服饰，他们也就并没有意识到将瑶族服饰继续传承下去的重要性，这也就造成了村内所见到的瑶族服饰越来越少的现象。

3. 瑶族民风民俗文化的消失

乡村民风民俗反映的是当地居民在长期的历史文化进程中形成的生活习惯与民俗风情。随着现代化进程的加快，一些传统的民风乡情也因为现代化推进而消失。现代社会发展的速度很快，一些外来强势文化的入侵，会给当地的一些民谣、民歌、戏曲、歌舞带来很大的冲击，如若当地村民们缺少应对手段和自我保护意识，一些本地的民风民情和民俗文化将逐渐消失在我们的视野中。蝴蝶歌和长鼓舞是富川瑶族的特色歌舞，但是当地村民表示这些活动只能在一些影音资料和节庆活动中看到，平日里来此游玩的游客也无缘观赏到此类节目。

4. 民族节庆活动逐渐被取代

笔者在与秀水村当地村民的走访与交谈中得知，当地具有特色的节庆活动基本上已经被遗忘得差不多了，他们所过的一些节日和庆典与我们并没有什么区别，比如说元宵节、端午节、中秋节，而一些具有当地特色的节庆活动似乎已经很少了。若政府不组织民俗节庆活动，秀水村就只剩下一些特殊的婚嫁和毛氏祭祖等活动较为引人瞩目，其他很难找到一些具有特色的民俗活动和节日庆典。这些属于民族的、属于地方特色的节庆活动逐渐被大众化、被同化，渐渐地失去了本属于他们地域的节庆活动的特色。热闹的传统民族节庆活动正在一步一步地面临着被汉化、被大众化的危机，与此对应的是当游客没有感受到具有地方民族特色的节庆活动的宣传、安排、设计等氛围的渲染，对于民族乡村旅游目的地的热情和好感大大降低，影响了游客对南岭瑶寨乡村旅游目的地民族特色的满意度。

5. 传统乡村思想意识受到冲击

传统乡村思想意识主要包括乡村的生活观、生产观、环境观、财富观、道德观、审美观和宗教信仰等方面。秀水村居民的思想受到了外来思想很大的冲击，思想上迷失并出现了断层观象，一些居民的观念也随之发生了转变。比如说越来越多的人去外面打工挣钱，他们不想遵循传统的思想观念，有些人甚至被金钱或者物质的条件所迷惑，据村里人介绍，有些人不劳而获思想比较严重，参与赌博事件层出不穷。

6. 旅游基础设施发展受限制

政府对秀水村传统建筑修复及复建的资金逐渐增加，但是对于旅游基础设施的投资十分有限，从而导致当地的旅游发展受到很大的限制。由于旅游景点并没有配有垃圾桶，导致出现游客乱扔垃圾的现象，破坏了村子的聚落环境，一些基础的设施还不是很完善。游客到访后难以长时间停留，村民难以享受到旅游经济发展带给当地社区居民的收益。

7. 社区居民聚落文化保护意识相对薄弱

当地居民对于聚落文化的保护意识相对比较薄弱，对于保护发展的认识有限，没有意识到乡村聚落文化的价值和发展空间，对于自己居住的地方的价值没有很明确的评估，也没有意识到发展保护聚落文化的重要性。这样就导致了基于乡村旅游下的聚落文化发展保护停滞，甚至对于一些有价值的聚落文化产生了破坏，从而影响了聚落文化发展保护工作的展开。

实地调研中，在与当地村民交谈中得知无论是当地的居民，还是管理人员对于保护和开发当地的文化意识都比较淡薄，对于他们所居住的地方所具有的价值没有概念。游客也认为当地的居民对于他们自身文化的开发保护意识不强，通过当地居民对于商品经济意识的感知均值就可以看出，他们对这个地方的文化发展的保护意识不强，也无法充分利用这一点去创造经济价值。

8. 管理和规划不够清晰规范

调查组初到秀水村，第一感觉就是规划比较乱。各个景点的管理也不够规范，没有组织性和纪律性，只是一些当地的居民很随意地在景点进行工作，没有整体性和规范性。制度文化不健全，没有专门地设立一些针对整个村子发展保护的制度对策，这方面需要改进和完善。

6.2.6 秀水村聚落文化保护与发展对策

1. 保护好自然乡村风光

"绿水青山就是金山银山"是对保护自然乡村风光的最好解释。秀水村聚落文化的保护与发展从加强环境保护开始。首先要减少一些废物的排放和垃圾的产生，对一些废弃物进行转移处理，另外要节能减排，对乡村周边多进行一

第 6 章　乡村旅游对南岭瑶寨聚落文化保护与发展的实证影响研究

些绿化设计，保护好自然乡村风光最主要的措施就是保护好环境，减少各种污染源对于自然乡村风光的破坏。

2. 保护民族特色建筑

首先，定期修缮当地保存较好、特色鲜明的传统建筑，比如说秀水村的古戏台和状元楼等保存比较完好，是当地旅游的特色景点，可仍需要多加保护修缮才能延续它们原始的风貌。在实地调研的过程中发现，村子里面有一些房屋存在安全隐患，这些房屋和建筑中有的甚至出现了很大的裂痕和倾斜，所以要对有较大安全隐患的建筑在保持原来风貌的基础上进行修缮或重建，并对后来修建的具有现代风格的建筑在外观上进行改造与包装，使之与原来建筑的整体风貌融为一体。其次，对村落原有的公共建筑进行恢复，再现村落文化。最后，尽量保持整个村落的格局不变，将整个村子的原始风貌和布局尽可能维持下去。

3. 开发设计实用的民族服饰

瑶族服饰的制作工艺充分将传统瑶族文化融入服装设计当中，利用了现今服饰中材料的发展、裁剪、缝纫制作工艺、锁钉工艺、后整理工艺，辅以传统瑶族服饰刺绣、印染等工艺，设计出更加简洁、轻盈便捷的现代瑶族服饰。它即能增强现代瑶族服饰的实用性，又能向外界推广和宣传秀水特有的瑶族服饰。同时，当地政府可以借助民族服饰的文化主题，开办相关民族服饰设计赛事、展示活动以及学术研究等。这样既弘扬和推广了民族服饰文化，又促进了民族服饰文化的传承和保护。

4. 注重民风民俗和居民文化礼仪交往的延续

民风民俗、居民文化礼仪交往和民族宗教信仰都属于非物质文化的范畴，所以我们必须要重视秀水村非物质文化的发展和保护。首先，合理利用资金，提升资金的利用率，使得资金运用合理化；其次，制定一些保护措施和奖惩措施，比如记录和收集那些传统工艺和传统服饰的精髓和主要制作工序，可以通过拍一些纪录片、录音和归档等方式来保证非物质文化的永久保存，因为这些都是随时都可能会消失的，必须要将它们传承和记录下来。同时可以对于那些积极保护非物质文化的人、团体或者单位进行奖励。反之，对完全不重视或者懈怠保护这方面的行为进行惩罚，奖惩分明有利于非物质文化的延续；最后，合理地对当地非物质文化进行评估和规划，注重对村落文化内涵和历史的挖掘，使其得到传承和延续，使村中居民的乡村生活方式得以稳定有序地向前发展。

5. 开发设计民族节庆活动

民族节庆活动是一种民风民俗活动的体现形式。秀水村民族节庆活动的设计与推广，是恢复当地村民瑶族节庆活动群体记忆的方法。重拾瑶族传统特色的盘王节、牛节、达努节等节庆活动，开发设计与时俱进的蝴蝶歌王节等节庆活动，让秀水村节庆活动的种类和数量得到扩充。这样不仅使得游客感受到了当地的一些民风民俗文化，而且也宣传了当地的节庆活动、传承了民族服饰，从侧面保护发展了节庆活动。同时，当地政府可以将节庆活动的推广和秀水旅游结合起来，加大宣传和推广的力度，打造秀水旅游品牌，用特色的节庆活动来带动秀水旅游的发展，促进当地旅游发展，从而推动当地经济的增长。

6. 改善旅游基础设施建设

加大旅游基础设施的建设，离不开资金的投入，有了充足的资金才可以加大基础设施的建设，缺少资金的投入会直接影响发展保护工作的顺利进行。首先，熟悉国家政策，积极申请国家资金投入秀水村的基础设施建设与发展中，将国家资金用于秀水村最基本、最基础的旅游接待设施建设当中，健全旅游接待的基础设施。其次，可以进行招商引资，利用当地特有的旅游优势

第6章 乡村旅游对南岭瑶寨聚落文化保护与发展的实证影响研究

进行招商引资,开展网络营销打造秀水旅游品牌,在开发过程中,利用投资商投入的资金进行一些保护的工作,这样不仅能加快基础设施建设的进度,而且还有利于保护和恢复一些当地的特色文化。最后,可以通过民间筹资,无论是当地的居民,还是想要保护发展当地聚落文化的有志之士都可以自愿募捐,可以把这一环节得到的资金用于推广和宣传,推广本地特色旅游。

7. 加强卫生宣传等管理与培训工作

美丽乡村建设在全中国的乡村中如火如荼地开展着,各乡村的卫生整治工作进行得颇有成效。要想改善好、保持好乡村的卫生环境,给游客留下良好的印象,需要从整个村子的卫生习惯、意识、制度做起,以维持整个村子的整洁度。首先,加强卫生环境意识的教育,村中张贴卫生宣传的标语、制度;其次,抓好典型案例教育,增强村民爱护卫生、保护环境的意识;最后,落实到具体的制度和措施中,诸如增设垃圾桶、提示牌、环境保护的标语,提醒村民自觉规整垃圾,也引导游客合理处理所产生的垃圾,帮助当地居民和游客认识到保护环境的重要性。

8. 制定相关制度,规范当地旅游开发管理

秀水村具体的开发措施包括:一是调整土地结构,做好土地功能置换,使其结构合理、产权统一,作为可持续发展的动力和资本。二是坚持贯彻"保护第一,适度开发"。开发理念要以"保护抢救第一,开发改造第二"为主。在综合分析村落交通、位置、环境承载力和游客容量及构成的基础上,采用控制性详细规划与居民居住区规划的方法,对秀水村的商业活动规模、商品配置、旅游承载力指标与公益性开发的制约因素等进行标注,有效控制秀水村的旅游开发力度。三是加快秀水村制度的完善,管理人员的培训,使规章制度明确化、规范化,促进当地旅游产业的发展。

6.3 恭城瑶族自治县红岩村实证研究

6.3.1 红岩村概况

红岩村位于广西桂林市恭城瑶族自治县莲花镇，距恭城县城14.7千米，距桂林市中心122.7千米。地理位置为东经110°51′50″~110°52′20″，北纬24°44′00″~24°44′50″。红岩村的地形主要以丘陵和峰林为主，海拔在145米~311.9米之间，其中最高峰为红岩峰，海拔为311.9米，最低处为平江河下游河谷地带，海拔约为145米。红岩村唯一的一条河流是平江河，从西南向东北流经红岩新村，在平乐县境内汇入茶江。河流年均径流量10m³/s，枯水期径流量为3m³/s。以平江河为界，南部以喀斯特峰林为主，山体峻峭，北部以丘陵为主，地势相对平缓，坡度一般在5°~15°之间。红岩新村土壤以地带性土壤——红壤、砖红壤为主，土壤呈弱酸性，适宜种植柑橘、月柿等果树。[①]

至今，红岩村共有农户100余户，人口将近400人，其中85%以上的居民为明末清初从广州等地迁至莲花镇的朱姓后代，至今已繁衍至第25代，其余为壮族人和汉族人。如今，红岩村以其优美的自然环境和村民热情好客的服务态度吸引了众多的游客前往，获得全区生态富民示范村、2002—2004年度全区农业系统十佳生态富民样板村等荣誉称号，2004年申报国家级农业旅游示范点，2005年成为全国农业旅游示范点，2018年12月被评为国家4A级旅游景区。

6.3.2 红岩村聚落文化基因梳理

从红岩村乡村旅游发展的实际情况出发，依据前文梳理的瑶寨聚落文化基因组成，将红岩村的聚落文化的要素可大体分为聚落物质文化基因、聚落精神文化基因、聚落行为文化基因以及聚落制度文化基因四大块。

---

① 吴郭泉. 恭城县红岩月柿生态农业旅游区旅游开发概念规划[R]. 桂林：桂工旅游规划设计院，2003.

第6章 乡村旅游对南岭瑶寨聚落文化保护与发展的实证影响研究

1. 红岩村聚落物质文化基因展现

（1）村落建设新颜

如今，红岩新村已成为一个"生产发展、生活宽裕、乡风文明、村容整洁、管理民主"的社会主义新农村、示范村、样板村。红岩村吸引了各地代表团到此参观，学习其先进的新农村建设经验，如图6.14和图6.15所示。

图 6.14　红岩村村口石刻 　　　　　图 6.15　红岩村鸟瞰图

（2）山水风光怡人

红岩村的平江河发源于恭城县东部银殿山，属珠江水系，由西南向东北流经红岩新村，河宽53米、深4米，河两岸凤尾竹成丛，芦柑林成片，间夹马尾松、樟树，滚石坝处河面有10余座竹筏船，河南岸有一处观景水车，如图6.16所示。

马鞍山位于平江河上游南岸，因外形酷似马鞍而得名，又因后鞍山有一山洞，为太平天国时干军修建防御设施，洞门酷似龙门，故又称龙门山，如图6.17所示，整个山体以灌木为主，森林覆盖率高，岩性为石灰岩。

图 6.16　平江河 　　　　　　　　图 6.17　马鞍山

149

（3）现代农业种植风光

恭城种植月柿已有300多年的历史，恭城月柿果形美观、色泽鲜艳、个大皮薄、肉厚无核。柿树霜降前后叶落果黄，柿子好似一串串灯笼挂在树上，场景颇为壮观。红岩村在村前屋后，以及村民土地上种植月柿占地面积将近10000亩，被称为万亩柿园。柿园实行现代农业灌溉技术，是恭城县农业生态示范基地，如图6.18所示。柿子待成熟后，在家里可制作柿饼进行销售，如图6.19所示。

图6.18 万亩柿园　　　　　　图6.19 晒柿饼

（4）民族美食吸引人

瑶族久居山区，为抵抗山区严寒，瑶族人民喜欢喝打油茶，如图6.20所示。打油茶又叫爽神汤，是以老叶红茶为主料，用油炒至微焦而香，放入生姜同煮，外加磨醉的花生粉，涩中带辣，是各地油茶之冠。恭城有首油茶山歌唱道："恭城油茶味道好，茶叶姜蒜都是宝，红薯芋头杂粮配，活到九十不算老。"搭配油茶可选食的有瑶族腊味、竹筒饭、粑粑、糯米酒、排散、柚叶粑、萝卜粑、船上粑、芋头糕等地方美食。

图6.20 打油茶

2. 红岩村聚落精神文化基因展现

(1) 传统村落旧貌

红岩老村海拔45米，村落形成于明代，村域面积约1平方公里，村庄占地90亩。村民秉承"不忘起始，留住乡愁"的理念，对老村进行整体规划和保护开发。以展现本土文化为本，对老村进行修复，尽可能保留村域内山水格局和街巷肌理基本形态及建筑结构，以此来传承本土文化，丰富旅游内涵，拓宽旅游发展空间。村内现存有观景亭1座、朱氏宗祠1座、风水塘1处、古水井10处、水渠2处、古墙2处、历史标语墙2处、青石板路6处、旗杆石2处、柿子产业林1处、杨梅产业林1处、古石磨2座、古树名木2棵，如图6.21～图6.24所示。[①]

图6.21 滚水坝

图6.22 老村古石磨

图6.23 红岩老村1

图6.24 红岩老村2

---

① 资料出处：恭城县住房建设局。

（2）瑶族歌舞

红岩村村民自发组织了文工团，从2003年开始的是竹竿舞、板鞋舞、击鼓传花、同乐舞、帽子舞和送歌舞，2004年增加油茶舞，2013年新增长鼓舞。图6.25为当地村民自行设计的竹竿舞。这些都是带有地方特色和民族特色的舞蹈。表演者穿着带有瑶族民族特色的服饰，将瑶族传统的民俗、民族、节庆文化基因融入其中，在节目表演中传承、宣扬瑶族文化。

（3）娱乐项目

红岩村中建有迎宾广场、滚水坝、观景台、月柿节主会场、瑶寨风雨桥、游泳池、旅游登山小道、停车场、公厕等公共设施，如图6.25~图6.28所示。平江河上可开展有水上竹筏、游泳、漫步、登山、打油茶、观看歌舞表演等娱乐项目。

图6.25 竹竿舞

图6.26 风雨桥

图6.27 游泳池

图6.28 竹筏

第6章 乡村旅游对南岭瑶寨聚落文化保护与发展的实证影响研究

3. 红岩村聚落制度文化基因展现

2003年以来每年到月柿收获的季节（10月上旬-11月下旬），恭城县会在红岩村举办"恭城月柿节"具有瑶乡特色的活动。通过举办了17届"恭城月柿节"，红岩村形成了当地特色的聚落制度文化。2004年7月，红岩村村民自发组织了"农家乐"生态旅游管理协会，共同制定了《协会章程》《住宿、餐饮提成管理办法》《车辆管理办法》等规章制度，促使红岩村旅游业的规范健康发展（图6.29~图6.30）。2012年，红岩村成立了"桂林恭城红岩村旅游有限公司"。2018年红岩景区成功被评为国家4A级旅游风景区。

图6.29 红岩新村住宿接待　　图6.30 红岩新村餐饮接待

4. 红岩村聚落行为文化基因展现

红岩村乡村旅游的发展已经融入了其村民的日常生活中。红岩村村民同姓居多，邻里乡亲关系融洽，这里的村民们互帮互助。当村民不能满足游客住宿、餐饮、购物、娱乐等服务需求时，他们会主动推荐到相邻村民家开展接待，村民间彼此扶持，共同发展红岩村的乡村旅游业。红岩村村民之间不仅仅常常邀请对方到屋内喝（油）茶，也常常邀请在家门口过往的行人和游客进屋纳凉取暖，即天热时邀游客进屋喝（油）茶歇凉，天冷请游客进屋烤火取暖，村民与游客的交往形成了一幅其乐融融的画面。

6.3.3 乡村旅游发展下红岩村聚落文化保护发展现状

1. 农旅融合，深挖红岩村聚落文化

恭城红岩村的乡村旅游发展属于典型的社区参与型发展模式，基本属于村民自主经营。来访游客都由村民自主接待，村民主要经营果园和乡村旅馆，大致可分为"果园+旅馆"、单独经营果园或单独经营旅馆三种形式。红岩村村民旅游收入的主要来源是农产品销售、餐饮、住宿、竹排接待等。

当地村民以通过经营乡村旅馆或农家乐，养殖，农产品种植并销售的形式参与到当地的乡村旅游的发展中。当他们认识到乡村旅游改善当地村民生活质量的重要性，也意识到瑶族聚落文化在乡村旅游发展中的重要性时，他们积极为红岩村乡村旅游策划助力，以此吸引更多的游客前往。诸如，村民为了展现瑶族聚落文化特色，在传统瑶族舞蹈和音乐的基础上设计了多个瑶族舞蹈和音乐的表演节目，在旅游节庆和大型活动中展现。

2. 农民增收，强化红岩村聚落文化保护意识

乡村旅游的发展，使红岩村村民的人均旅游收入发生了翻天覆地的变化，在风雨桥旁的村情介绍中，自 2016 年起，红岩村村民年人均旅游收入超过 2 万元。村民们的收入增加了，他们也认识到了红岩村的自然环境和万亩柿园是乡村旅游发展的基础。自此，他们对红岩村聚落文化保护的意识更加强烈。为了保证平江河水质，村里投资 100 万元修建了污水处理池。红岩村主动聘请了当地的贫困户对红岩村的卫生进行日常清扫，在维护好红岩村干净整洁的村貌的同时，还解决了当地一些贫困户的收入问题，提供机会与条件帮助村民脱贫。

3. 招商引资，多渠道筹资保护开发聚落文化

为了更好地保护红岩老村传统民居建筑，村委会采取招商引资的举措，多渠道筹资保护传统村落景观。目前老村的村民以出租的形式把传统民居建筑承包给商家。商家在政府旧房改造财政补贴基础上，并出资对每栋传统民居建筑进行维修。按照国家传统村落保护的要求，政府对老村进行整体规划和保护开发。对老村进行修复，我们尽可能保留村域内山水格局和街巷肌理基本形态、建筑结构及平面布局，挖掘、恢复、传承红岩老村所蕴含的传统建筑等聚落物质文化基因，以此传承本土文化。目前，老村古建筑的改造已取得了一定的成效。

6.3.4 红岩村聚落文化游客的感知分析

2018年4月30日~5月2日，调研小组在恭城红岩村展开了问卷调查。期间总共发出问卷150份，收回150份，问卷回收率为100%。其中，有效问卷142份，无效问卷8份，问卷有效率约为95%。

1. 游客基本概况

根据问卷统计结果显示，在性别方面，男性游客为80人，占比56.3%；女性游客为62人，占比43.7%。游客的年龄大多集中在18—28岁，占比37.3%；其次是29—40岁，占比26.1%。游客的客源地主要集中在广西和广东地区，广西占比84.5%，广东占比9.9%。从游客的职业调查情况来看，学生占比最高，为43.0%，其次是专业/文教技术人员，占比14.8%，如表6.4所示。

表6.4 红岩村游客调查基本数据

项目	类别	百分比	项目	类别	百分比
性别	男	56.3%	受教育水平	初中及以	17.6%
	女	43.7%		高中	18.3%
年龄	18岁以下	15%		大专	19.0%
	18—28岁	37.3%		大学	43.7%
	29—40岁	26.1%		研究生以上	1.42%

续表

项目	类别	百分比	项目	类别	百分比
年龄	41—48 岁	17.6%	游客的职业	政府公务人员	5.6%
	49—55 岁	2.8%		企事业管理人员	10.6%
	55~65 岁	0.7%		专业/文教技术人员	14.8%
客源地	广西	84.5%		服务销售商贸人员	2.8%
	广东	9.9%		工人	3.5%
	湖南	0.7%		农民	2.1%
	其他省及地区	4.2%		学生	43.0%
	国外	0.7%		离退休人员	0.7%
				其他	16.9%

2. 旅游者对红岩村乡村旅游文化感知分析

我国学者认为乡村旅游的需求主要为：求知求新、回归自然、在怀旧情结驱使下的旧地重游、日益增强的主动参与意识。[①] 从游客需求角度来说，旅游目的地的旅游产品质量（包括服务质量）满足游客旅游需求和体验的程度，也是游客对乡村旅游目的地聚落物质文化基因、聚落精神文化基因、聚落制度文化基因和聚落行为文化基因感知的直接反映。为了更好地了解游客对红岩村聚落物质文化基因、聚落精神文化基因、聚落行为文化基因和聚落制度文化基因这四方面的认知，便于更好地保护开发利用聚落文化基因，调查组采用了李克特量表调查了游客对以上各要素重要程度的感知细节，用数字1到5依次代表非常不重要、不重要、一般、重要、非常重要五个层次，先运用公式3-1分别计算了南岭瑶寨聚落文化组成基因二级指标的均值，再运用公式3-2计算南岭瑶寨聚落文化一级指标的均值，具体数值详见表6.5。

---

① 张艳，张勇.乡村文化与乡村旅游开发[J].经济地理，2007（03）：509-512.

第6章 乡村旅游对南岭瑶寨聚落文化保护与发展的实证影响研究

表6.5 红岩村聚落文化基因保护的重要度指标及均值

一级指标	二级指标	均值
聚落物质文化基因 4.21 分	聚落自然生态文化基因	4.40 分
	聚落农业种植文化基因	3.91 分
	聚落特色建筑文化基因	4.42 分
	聚落特色服饰文化基因	3.95 分
	聚落特色饮食文化基因	4.33 分
	聚落地方交通文化基因	4.45 分
	聚落环境保护文化基因	4.63 分
	聚落卫生整洁文化基因	4.61 分
	聚落旅游购物服务基因	3.80 分
	聚落购物纪念品文化基因	3.56 分
聚落精神文化基因 4.08 分	聚落节庆活动文化基因	4.27 分
	聚落娱乐项目文化基因	4.07 分
	聚落歌舞表演文化基因	4.13 分
	聚落宗教信仰文化基因	3.50 分
	聚落民风民俗文化基因	4.23 分
	聚落艺术形式文化基因	4.20 分
	聚落历史遗存文化基因	4.29 分
	聚落民族意识文化基因	3.96 分
聚落制度文化基因 3.68 分	聚落居民商品经济意识文化基因	3.79 分
	聚落服务产业商品化文化基因	3.58 分
聚落行为文化基因 4.43 分	聚落居民文明礼仪文化基因	4.37 分
	聚落居民友好待客文化基因	4.49 分

在表6.5中，经过综合对比分析可知，红岩村聚落物质文化基因、聚落精神文化基因、聚落行为文化基因的得分均值较高，分别为4.21分、4.08分、4.43分，表示游客对红岩村该项目满意度较高，得分较低的为聚落制度文化基因，得分为3.68分。

(1) 红岩村瑶寨聚落物质文化基因分析

由表6.5可知，游客感知过程中，让游客印象深刻、得分最高的是聚落环境保护文化基因（4.63分），得分最低的是聚落购物纪念品文化基因（3.56分）。感知分值从高到低依次为聚落环境保护文化基因（4.63分）、聚落卫生整洁文化基因（4.61分）、聚落地方交通文化基因（4.45分）、聚落特色建筑文化基因（4.42分）、聚落自然生态文化基因（4.40分）、聚落特色饮食文化基因（4.33分）、聚落特色服饰文化基因（3.95分）、聚落农业种植文化基因（3.91分）、聚落旅游购物服务基因（3.80分）、聚落购物纪念品文化基因（3.56分）。说明红岩村旅游发展过程中，该村聚落物质文化基因中乡村环境保护、卫生整洁度、乡村交通条件、民族特色建筑、自然生态等方面做得比较好，游客评价较高，都在4.40分以上。但是作为一个旅游较为成熟的乡村旅游目的地，旅游购物纪念品选项得分最低，只有3.56分，说明游客对当地所开发设计的旅游纪念品感知的要求较高，还需对其加大开发设计力度。

(2) 红岩村瑶寨聚落精神文化基因分析

红岩村等古村落文化承载了老一辈人对乡村旧居的记忆，受到游客的青睐，也形成了红岩村丰富的聚落精神文化基因，它们整体均值得分在4.08分，得分相对较高，游客评价在满意与比较满意之间。游客感知中，让游客印象深刻，得分最高的是聚落历史遗存文化基因（4.29分）；得分最低的是聚落宗教信仰文化基因（3.50分）。感知分值从高到低依次为聚落历史遗存文化基因（4.29分）、聚落节庆活动文化基因（4.27分）、聚落民风民俗文化基因（4.23分）、聚落艺术形式文化基因（4.20分）、聚落歌舞表演文化基因（4.13分）、聚落娱乐项目文化基因（4.07分）、聚落民族意识文化基因（3.96分）、聚落宗教信仰文化基因（3.50分）。

恭城红岩村举办的月柿节受到政府高度重视，在与恭城交界的广西壮族自治区、湖南省等地知名度也较高。伴随着高铁恭城站的开通，该村吸引了大批的广东游客前往，此地成为一个倍受关注的乡村旅游目的地。红岩村是社会主义新农村建设成果的展现，既满足了游客对瑶族聚落精神文化的追求，也符合乡村旅游发展建设的需要。

（3）红岩村瑶寨聚落制度文化基因分析

在红岩村聚落制度文化基因的评价中，聚落居民商品经济意识文化基因为 3.79 分，聚落服务产业商品文化基因为 3.58 分。但是，其整体均值是所有评价中得分最低的，只有 3.68 分。

（4）红岩村瑶寨聚落行为文化基因分析

游客对红岩村村民行为文化基因的评价非常高，感知均值为 4.43 分，表示非常满意。居民文明礼仪文化基因为 4.37 分，当中居民友好待客文化基因高达 4.49 分。红岩村村民拥有瑶族同胞热情好客的情怀开展旅游接待，在对游客服务中积累了丰富的经验，同时给游客留下了深刻的印象。

6.3.5 红岩村聚落文化保护发展存在的问题

1. 旅游纪念品特色不鲜明

在游客的感知中，红岩村"聚落购物纪念品文化基因"和"聚落旅游购物服务基因"的得分是"聚落物质文化基因"中最少的，仅为 3.56 分和 3.80 分。分值评价虽然已经在中等以上，但同时也反映了游客对旅游生活的较高要求。

《乡村旅游扶贫工程行动方案》中提出乡村旅游后备厢推进专项行动，依托乡村旅游发展带动农副土特产品销售。[①] 该方案旨在鼓励和支持农民将当地农副土特产品、手工艺品通过自驾车旅游渠道就地销售，支持在乡村旅游邻近的景区、高速公路服务区设立特色农产品销售店，以此带动乡村旅游目的地农民增收致富。红岩村是自驾游客喜爱的旅游目的地之一，早期来红岩村的游客都喜欢带上村里的新鲜柿子、冻柿、柿饼等一系列的农副产品，装满汽车后备厢回家。随着人们生活物质丰富，游客对物质产品文化的追求

---

① 《中国政策汇编2016》编写组. 中国政策汇编2016：第 2 卷 [M]. 北京：中国言实出版社 .2017.

越来越高，对于塞满汽车后备厢的物品要求也越来越高。在与游客访谈中，游客表示当地有特色的文创产品较少，希望当地能开发设计更多的旅游特色纪念品。

2. 民族服饰被忽视

民族服饰作为少数民族地区文化的物质载体，是游客直接认知民族特色的第一面镜子。红岩村因月柿节而出名，只有随节庆而来的游客才能看到盛装的村民载歌载舞。在少数民族乡村旅游目的地，非节庆期间是很难看到村民身着民族服饰的。红岩村也不例外，游客调查中"聚落特色服饰文化基因"得分相对而言处于低分位置，是游客对当地民族服饰认知的缩影。

3. 瑶族宗教信仰受到弱化

地方宗教信仰是随着整个社会的发展、宗教的演变而变化的。在游客感知中，对于当地村民的"聚落宗教信仰文化基因"得分是所有聚落文化基因中最低的，仅为3.50分。在调研过程中得知，游客没有在红岩村中感受到乡村信仰或是民族宗教信仰，仅在红岩新村和红岩老村交界的水塘边看到一块黑底白字的村规民约公示牌，上面还被贴了几张广告。与老一辈村民访谈中得知，红岩村的村民85%以上都是明末清初从广州等地迁至莲花镇的朱姓后代。但是由于村里位置好，村民与外界交流方便，现在除了一些瑶族歌舞节目之外，很少举行其他瑶族宗教文化仪式了。游客感知不到鲜明的地方宗教信仰，看不到相关的民族仪式，对当地宗教信仰的认知度比较低。

4. 本土特色不鲜明

在实际调研中，笔者发现红岩村的旅游接待工作经过多年的沉淀已经非常成熟了，工作人员展现出了商务旅游接待的风范，但是在乡村住宿接待和餐饮接待中所展现的民族性和乡村性不明显。在当地的乡村住宿中，屋内的设计与装修没有体现出与大众化的酒店和旅馆的差异，其偏传统的一星级酒店式的商业住宿，当地的瑶族特色、乡土特色等不突出。红岩村乡村旅游过多地倾向于商品化，本土性的旅游产品开发得也比较少，乡村性与本土性文化并没有明显地得到体现。

6.3.6 红岩村聚落文化保护和发展对策

1. 夯实瑶寨物质文化基础，提供高品质的旅游产品

伴随着中国乡村旅游发展日趋成熟，中国游客对于旅游产品的需求已经从传统的观光型产品逐渐过渡到度假休闲型旅游产品。从调查问卷中得知，游客在红岩村迫切需要的是当地开发出更多供游客体验的娱乐产品。如表6.6所示，在对目前瑶族地区乡村旅游建设中，游客认为最需要改进的选项相应百分比超过10%的依次为娱乐、交通、环境、游览设施、饮食、住宿等方面，其占比分别为15.1%、14.4%、12.4%、12.2%、11.3%和10.1%。总体而言，在开发设计娱乐项目的同时，我们要增强基础设施的建设能力。

表6.6 红岩村瑶族地区旅游建设需改进项目频率分析

旅游建设改进项目	响应 人数	响应 百分比
需改进娱乐	67	15.1%
需改进交通	64	14.4%
需改进环境	55	12.4%
需改进游览设施	54	12.2%
需改进饮食	50	11.3%
需改进住宿	45	10.1%
需改进服务质量	38	8.6%
需改进宣传	33	7.4%
需改进购物	25	5.6%
需改进其他	13	2.9%
总计	444	100.0%

因此需修建公共娱乐场所，增加娱乐设施和服务。增设一些游览观光车，增加一些儿童以及成人的娱乐场所和设施。增加公共厕所数量，并在每个景区或规定地点建设分类垃圾箱，方便游客出行，从而提高游客到当地旅游的意愿和出游的满意度。

2. 深挖瑶寨民族文化内涵，设计体验型旅游产品

如表 6.7 所示，在对游客调研过程中，发现游客对于红岩村可开发的相关旅游产品的需求集中在体验瑶族民风、开展果园采摘、观赏自然风光、参加节庆活动、参与农事劳动、品尝特色饮食等方面。①开展体验瑶族民风的选择最多，占 20.24%；②开展果园采摘，占 20.2%；③开展观赏自然风光，占 19.84%；④开展参加节庆活动，占 15.4%；⑤开展品尝特色饮食，占 13.0%；⑥开展参与农事劳动，占 10.32%。

文化是乡村旅游发展的核心，对于瑶族乡村旅游来说，要深挖具有文化内涵的民族风情，是红岩村乡村旅游民族品牌打造的重要手段之一。政府应重点开发设计以瑶族特色为核心的文化旅游项目。例如，修缮特色民族古建筑，建设乡村民族文化景观，修建生态博物馆，弘扬当地少数民族传统文化等。

在住宿和餐饮空间营造上，不仅要从建筑外观上，而且要从内部设计上体现民族文化和历史文化的特点。对于瑶族地区的乡村旅馆的设计，应该在内部装修和客房设计上体现民族历史文化，讲述瑶族文化故事，开发建设主题酒店，引领顾客去体验当地瑶族文化气息。从餐饮上来说，应该建设更多以当地特色饮食为主的农家乐，让游客从用餐氛围、食品品尝到烹饪都能感受民族的饮食特点和文化，让游客真正体验瑶族的待客礼仪和乡村的氛围。

第6章 乡村旅游对南岭瑶寨聚落文化保护与发展的实证影响研究

表6.7 红岩村乡村旅游可开展的旅游项目频率分析

可开展旅游项目	响应 人数	响应 百分比
开展果园采摘	100	20.24%
开展观赏自然风光	98	19.84%
开展参与农事劳动	51	10.32%
开展参加节庆活动	76	15.4%
开展体验瑶族民风	101	20.4%
开展品尝特色饮食	64	13.0%
开展乡村旅游项目其他	4	0.8%
总计	494	100.0%

3. 坚守瑶寨聚落文化基因，促进乡村旅游可持续发展

红岩村大力发展乡村旅游，坚守乡村原来淳朴的生活方式，这也是游客感知中印象最为深刻之处。调查中，游客认为红岩村乡村自然资源丰富、人文风情浓郁、民族特色鲜明，发展乡村旅游大有可为。在红岩村乡村旅游中展现了瑶寨聚落的物质文化基因、瑶寨聚落的精神文化基因、瑶寨聚落的行为文化基因、瑶寨聚落的制度文化基因，吸引了更多的游客到访，并帮助村民致富，也促使村民更加关注瑶寨聚落文化基因的保护与传承，互惠互利、共生共荣。红岩村在乡村旅游发展过程中，受调查中39.8%的游客认为首要之事就是为红岩村打造瑶族乡村特色旅游品牌，让红岩村的月柿节知名度更响、满意度更高、美誉度更好，如表6.8所示。村民需要坚持在原有良好的发展基础上，并结合得天独厚的红岩村自然资源，注意保护环境，借助政府之力，制定出台相关保护政策和措施，加大对民族文化保护的资金投入，修复不完整的文化设施，建设博物馆或者文化长廊之类的设施，对当地民族文化以及历史文化进行传承和保护，传承少数民族传统文化。政府从村民的思想上对村民进行环境和文化保护的宣传和教育，让村民了解社会文化的保护对乡村旅游可持续发展的重要性，从而打造乡村文化旅游品牌的可持续发展。

表 6.8 红岩村开展乡村旅游应注意的事项频率

选项	响应人数	响应百分比
应加大开发力度	45	21.74%
增加对外宣传扩大知名度	48	23.19%
打造瑶族乡村旅游特色品牌	113	54.59%
注意其他	1	0.48%
总计	207	100.0%

南岭瑶寨乡村旅游发展的核心是乡村生活的乡土性与瑶族文化，也是游客在乡村旅游中的核心诉求。乡村旅游的发展应围绕文化做文章，尤其是瑶族文化。南岭瑶寨聚落文化基因是乡村旅游的核心吸引力，吸引着游客纷纷前往民族旅游目的地开展乡村旅游活动。在南岭瑶寨乡村旅游发展过程中，保护、发展、传承瑶族聚落文化基因，是乡村旅游发展的关键。政府应让瑶寨村民充分认识到瑶寨聚落文化基因给村民带来的利益，感受到旅游发展给瑶寨的生态环境、社会环境、文化环境、经济环境带来的巨大变化，让乡村旅游成为南岭瑶寨聚落文化保护和发展的中坚力量，村民们切实自觉、自愿地加入到保护、发展和传承瑶寨聚落文化基因的活动中。

第 7 章　南岭瑶寨聚落文化保护协调发展路径

7.1　南岭乡村旅游与瑶寨聚落文化保护与发展

7.1.1　乡村旅游发展的作用力

乡村振兴是时代的主题，是农村发展的主旋律。在旅游大发展的背景催化下，乡村旅游作为乡村振兴的有力支撑产业，其发展需求日趋旺盛，国家先后出台政策积极引导农村地区乡村旅游产业发展，充分发挥乡村旅游在农村发展中增加农民收入、调整农村产业结构、提升农村公共服务设施建设等方面的积极作用。乡村旅游吸引了更多的游客前往南岭瑶寨旅游，为南岭瑶寨社会、经济、文化的发展贡献力量。

7.1.2　南岭瑶寨聚落文化保护的作用力

少数民族传统文化是中华文化的重要组成部分，是中华民族共有的精神财富，保护和发展少数民族传统文化，对于构建社会主义和谐社会、增强中华民族的凝聚力和创造力具有重要意义。南岭瑶寨聚落文化基因由南岭瑶寨聚落物质文化基因、聚落精神文化基因、聚落制度文化基因、聚落行为文化基因四部分组成，它们既符合了新时代背景下国家民族文化保护和发展政策的要求，也形成了南岭瑶寨乡村旅游得以开发与发展的核心吸引力，吸引更多的游客前往南岭瑶寨开展旅游活动。他们推动着南岭瑶寨的经济发展、文化保护和社会进步。

7.1.3 乡村旅游与南岭瑶寨聚落文化保护与发展的协调机制

实践经验证明，在南岭瑶寨乡村旅游与瑶寨聚落文化保护与发展过程中，南岭瑶寨聚落物质文化基因、聚落精神文化基因、聚落制度文化基因、聚落行为文化基因形成了瑶寨乡村旅游发展的吸引力，是乡村旅游发展的拉力。同时，乡村旅游的发展推动着南岭瑶寨的经济发展、文化保护、社会进步，是南岭瑶寨聚落文化的保护与发展的推力，两者相辅相成。乡村旅游与南岭瑶寨聚落文化保护与发展的协调机制，为南岭发展民族乡村旅游提供了环境支持，为南岭瑶寨乡村旅游注入可持续发展的生命力。

乡村旅游的发展不仅推动南岭瑶寨旅游项目、基础配套设施、公共配套服务等建设的发展，而且推动南岭瑶寨区域经济、社区发展与建设，为南岭瑶寨聚落文化的保护与发展提供物质保障、精神保障和制度保障。因此，本书以南岭旅游发展为大背景，充分梳理南岭瑶寨聚落文化基因的组成内容及特点，重视南岭瑶寨聚落文化的价值。在乡村旅游与南岭瑶寨聚落文化保护与发展相辅相成的发展过程中，在旅游可持续发展、区域经济可持续发展、民族地区社区良性参与等思想的指导下，构建乡村旅游与南岭瑶寨聚落文化保护与发展协调机制，如图 7.1 所示。

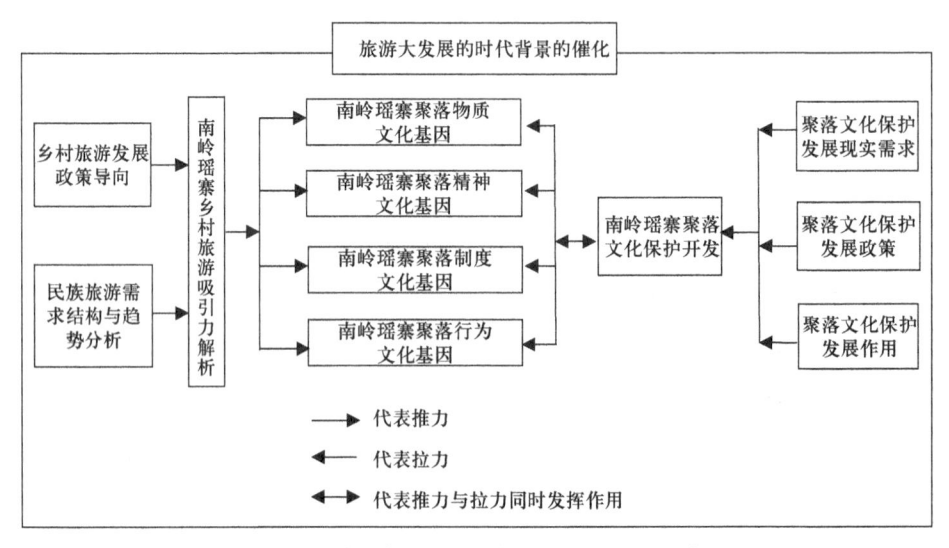

图 7.1 乡村旅游与南岭瑶寨聚落文化保护与发展协调机制

7.2 乡村旅游发展中聚落文化保护和发展的原则

7.2.1 主次原则

在民族乡村旅游目的地，主人与客人应相互尊重对方的文化。主人应通过多种方式来体现自己的传统文化，以使客人能够深入体验其内涵从而获得精神享受。[①] 随着南岭瑶寨乡村旅游开发的推进，游客与社区居民交流增多，游客与当地社区居民间不同文化的相互影响是不可避免的。但是在民族地区旅游目的地旅游发展中，南岭瑶寨社区居民一定要坚守本民族的优秀传统文化，也可以吸收外来文化中的有益部分，提升瑶寨本民族的固有文化内涵。同时，我们应注意关注瑶寨居民的反映，倾听社区居民的声音，尊重主人的意愿，合理开发当地的旅游资源，发展乡村旅游业。

7.2.2 度与量的原则

"南岭无山不有瑶"，瑶族是一个迁徙民族，过去他们行走在资源丰富的深山老林中，南岭瑶寨聚落文化基因在迁徙的过程中自我保存完好；今日他们选择在生态环境良好，适宜生产、生活的地带定居，为南岭瑶寨聚落文化基因提供了良好的保护和传承环境。在乡村旅游迅猛发展下，生态环境良好、民族文化丰富的南岭瑶寨成了游客追捧的热点。因此在乡村旅游开发的过程中，一定要把握好对南岭瑶寨聚落文化开发的度与量。"度"指的是瑶寨聚落文化开发的范围，对于瑶寨聚落文化中的隐秘部分不予对外开放，建立保护机制；对于可以对外展示的瑶寨聚落文化的部分，要注重保护、开发、创新、设计，使其成为居民和游客都可以接受的旅游产品，提高旅游目的地的吸引力。"量"指的是树立游客流量控制的意识，控制南岭瑶寨旅游服务设施的开发数量，一些最基本的旅游服务设施（如游客服务中心、餐饮服务、休闲服务、卫生服务等

---

① 刘振礼，王兵. 新编中国旅游地理：第5版［M］. 天津：南开大学出版社，2015.

设施）可以和瑶寨基础设施共通共用，限制新建其他的旅游服务设施。

7.2.3 外围包围内核原则

南岭瑶寨在保护和发展瑶寨聚落文化的过程中，必须遵循外围包围内核的发展路径。瑶民只有识别、辨认、发展乡村旅游所需的外围基础条件，才能更好地结合南岭瑶寨聚落文化的内核基因。瑶民要做到对南岭瑶寨聚落文化进行识别、甄选、确立、恢复、传承、保护和发展，将游客体验贯穿始终，做到有针对性、有目的地保护和发展南岭瑶寨聚落文化。

7.2.4 可持续发展原则

乡村旅游的发展能够为南岭瑶寨带来人流、物流、资金流、信息流等资源，乡村旅游的发展对调整南岭产业结构，提高当地居民收入，实现当地就业的作用非常突出。同时，在南岭瑶寨乡村旅游的发展过程中，政府要重点关注经济、社会、文化与环境的协调发展，要在以不牺牲后代人利益的前提下进行保护性开发。南岭瑶寨乡村旅游的开发应当立足于当下发展需求，并充分考虑到村寨未来的发展需要，从而达到瑶寨乡村旅游可持续发展的目的。

7.3 南岭瑶寨聚落文化保护与发展的举措

在文化变迁过程中，南岭瑶寨聚落文化要力求以保护当地居民利益为主，适当加以利用和开发。反之，如果破坏了村寨文化最本真的内涵，那么民族文化、乡村旅游发展将会日益衰退甚至消失。我们对于南岭瑶寨聚落文化的保护和发展，要把握时代的脉搏，借助高科技的力量，利用现代化网络技术、度量方法对南岭瑶寨聚落文化基因进行梳理、识别、甄选、保护、开发、设计、创新、利用与发展，为乡村旅游发展提供丰富的旅游资源，为民族文化的保护与开发提供可行的举措。

7.3.1 立法文明，政策保障

1990年以来，在民族民间文化保护方面，我国政府制定和颁布了一系列的政策和管理办法。我国文化部、财政部于2003年初启动了中国民族民间文化保护工程，各省也相继出台了相应的民族文化保护条例。广西壮族自治区在2006年实施的《广西民族民间传统文化保护条例》更是为我们提供了制度的保障。如果能够建立更有针对性的《南岭瑶族民间文化保护条例》，那将会为南岭瑶寨聚落文化的保护提供强有力的保障。各级地方人民政府应最大力度地落实关于民族民间文化的保护工作，并将其纳入本行政区域国民经济和社会发展规划、城乡建设规划及本级财政预算中，做到给人员、给编制、给经费，推动保护工作顺利进行。[①] 这些举措都将对继承和弘扬中华民族优秀文化传统，促进社会主义物质文明建设和精神文明建设起到举足轻重的作用。

7.3.2 宣传跟进，思想保障

首先是从上到下都要引起重视，地方政府与各行政主管部门在思想意识上要引起重视，加大南岭瑶寨聚落文化保护宣传力度，将南岭山区瑶寨聚落文化的保护观念深入人心，形成人人参与保护民族文化遗产的良好氛围。其次是做好从内到外的宣传营销，开发设计南岭瑶寨特色旅游产品进行宣传营销，帮助提升南岭瑶寨社区居民保护和发展瑶寨聚落文化意识，同时在南岭瑶寨外部，借助旅游节庆、旅游推介会、户外广告、微信微博新媒体等方式将聚落文化的精髓推广出去。

7.3.3 旅游发展，经济保障

经济基础决定上层建筑。乡村旅游的发展能够为南岭山区瑶寨的经济发展带来新的动力，为南岭山区瑶寨聚落物质文化、聚落精神文化、聚落制度

---

① 金星华.民族文化理论与实践：首届全国民族文化论坛论文集：下册[M].北京：民族出版社，2004.

文化、聚落行为文化的保护和发展提供资金的保障。旅游发展了，人流、物流、资金流及信息流随之而来，参与到乡村旅游发展中的瑶民能够在这一轮旅游发展浪潮中获益。

7.3.4 科技应用，技术保障

南岭山区瑶寨聚落文化的保护与发展离不开新时代背景下的技术进步。民族文化与科技的融合可以成为民族文化产业创新的内在驱动力量。

在"互联网+"背景下，南岭山区充分发挥瑶寨社区当地"村乐购"的功能与服务，使当地居民在接到旅游订单时，能够以及时、便捷、优惠的方式将当地特色农产品送达游客手中。游客即使离开了南岭瑶寨社区，也能在异地通过当地网络渠道购买南岭瑶寨农村社区的特色商品。

7.3.5 生态维护，环境保障

生态环境是人类赖以生存的家园，良好的生态环境是民生的基本保障。南岭山区瑶寨乡村旅游发展不仅包括其极具特色的瑶寨聚落文化，还包括当地优美的自然环境和良好的生态环境。大城市的环境污染和喧嚣使得城市居民对生态良好的乡村产生了美好的向往，进而在闲暇之余到乡村旅游观光。因此，保护好乡村的生态环境，才能使其成为游客向往的旅游目的地。良好的生态环境是南岭山区瑶寨乡村旅游可持续发展的基础。只有生态环境好了，大家才能发展旅游业，这也是聚落文化保护和发展的前提。

7.3.6 展演传承，制度保障

由于现代社会生产生活方式的改变，瑶寨的许多传统文化逐渐随着时间的消逝而褪去。无形的民族文化最好的保护和发展方式就是将其活化，使之展现并融入少数民族的生产生活中。政府可在南岭瑶寨建立文化传播交流机构，并指派专人负责传承和保护南岭山区瑶寨的聚落文化。此外，还可通过搭建南岭瑶寨农村社区文化展演舞台，定期举办民族文化活动等，将这些濒临消失的民族文化开发成演绎类旅游产品，如给游客欣赏的瑶族特色舞蹈或传统文化展演等节目。展演的方式可以促进瑶民和游客共同了解南岭瑶寨的聚落文化，同时促进当地居民树立文化自信，进而自觉参与到南岭瑶寨聚落文化的传承与保护中去。

7.3.7　民族团结，社会保障

民族的才是世界的，民族文化在维系民族团结中发挥着重要的作用。南岭瑶寨聚落文化的保护与发展是在正确梳理、识别、保护与开发南岭瑶寨聚落文化，并通过应用、展演、宣传等形式将南岭瑶寨聚落文化融入瑶民的生产生活中，使得瑶民的民族团结力和向心力在无形中得到大大增加，进而为建立和谐民族大家庭贡献巨大力量。游客在参与民族文化旅游活动的同时，更加深入地认识和理解当地的民族文化，有助于其树立民族文化保护意识，从而促进南岭瑶寨聚落文化的保护与发展。南岭瑶寨聚落文化的保护与发展是以民族文化为纽带，使得游客和瑶民在民族文化的保护与发展上产生共鸣，进而让民族间的团结更加紧密，社会更加稳定，人民生活更加幸福。

7.4　乡村旅游发展中南岭瑶寨聚落文化保护与发展的路径

为了保护、传承和发展南岭聚落文化，南岭瑶寨必须适应旅游发展的时代潮流，其中离不开对南岭聚落文化进行识别。对于需要保护的聚落文化，南岭瑶寨应当采取相应的举措，不能一味地迎合游客的趣味而让聚落文化过度舞台化。我们要注重挖掘、创新聚落文化的表现形式，让其适用于民族文化旅游的发展，让游客参与其中，感受聚落文化的乐趣，做到更好的保护与发展，如图 7.2 所示。

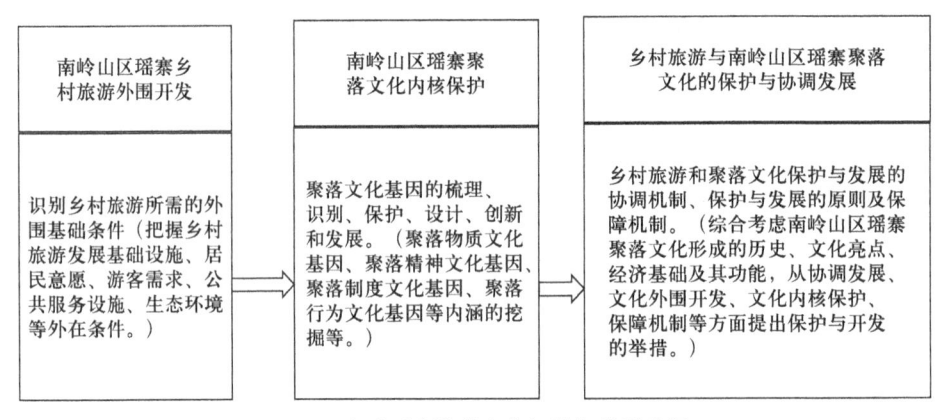

南岭山区瑶寨乡村旅游外围开发	南岭山区瑶寨聚落文化内核保护	乡村旅游与南岭山区瑶寨聚落文化的保护与协调发展
识别乡村旅游所需的外围基础条件（把握乡村旅游发展基础设施、居民意愿、游客需求、公共服务设施、生态环境等外在条件。）	聚落文化基因的梳理、识别、保护、设计、创新和发展。（聚落物质文化基因、聚落精神文化基因、聚落制度文化基因、聚落行为文化基因等内涵的挖掘等。）	乡村旅游和聚落文化保护与发展的协调机制、保护与发展的原则及保障机制。（综合考虑南岭山区瑶寨聚落文化形成的历史、文化亮点、经济基础及其功能，从协调发展、文化外围开发、文化内核保护、保障机制等方面提出保护与开发的举措。）

图 7.2　南岭瑶寨聚落文化保护与发展路径

7.4.1　内核保护路径

南岭瑶寨聚落文化的保护与发展的内核路径应当严格遵循主次原则、度与量的原则、外围包围内核原则及可持续发展原则，对乡村聚落进行科学合理的保护性开发。以下主要是从聚落物质文化基因、聚落精神文化基因、聚落制度文化基因、聚落行为文化基因四个方面对其保护和开发路径进行探索。

1. 聚落物质文化基因

南岭瑶寨聚落物质文化基因是瑶寨历史发展进程中留下来的宝贵遗产，其见证了瑶寨在无数风霜雨雪中的蜕变，是乡村旅游发展的重要物质基础。在乡村旅游带动下，瑶寨的经济发展态势良好，当地瑶民的收入得到了较大提高，瑶民无须再离开瑶寨外出打工，便可以在当地就业或者创业。南岭瑶寨发展乡村旅游业成为周边村寨居民模仿的对象，也成为具有代表性的民族乡村经济的增长极。经济的发展为瑶寨带来了大量的财富，使得瑶寨有足够的能力去加强当地瑶寨基础设施的建设，为当地提供与旅游发展相配套的设施。因此瑶寨要充分发挥乡村旅游的带头作用，在当地瑶寨乡村旅游健康发展的前提下，以现有的聚落物质文化基因作为聚落文化保护发展的载体，尽量延续当地特有的风格和特色建筑等聚落物质文化基因的特色，继续发挥它们的价值。同时，瑶寨应当完善当前规划中尚且不合理的地方，将其合理化。在旅游设施建设上，瑶寨不仅要重视聚落的内外交通，保持道路通畅，还要重视游客在"购"上的需求。除了要保证他们能够买到日常所需用品之外，我们也要注重对旅游纪念品的设计，要突出当地民族特色与建筑风格，并建设专售旅游纪念品的场所，以满足游客购物需求。为加强对南岭瑶寨聚落物质文化基因的保护与开发，瑶寨应当在保护瑶民原有生活空间、绵延村落根基的基础上，划定聚落保护区、控制区和协调区。

（1）明确瑶寨保护区

保护区主要为传统建筑较为密集的片区，这些传统建筑是瑶寨传统聚落文化的重要载体，应当重点保护。在聚落情景重塑方面，可利用现代化技术，在不破坏其原真性基础上对其进行修葺，使其寿命得以延长。具体做法如下：首先，要加强对一些瑶寨聚落亟待修缮的特色建筑的重视，在原有建筑风格的基础上继续保持，形成统一的聚落布局。其次，在即将面临消失的民族服饰上，要重拾民族服饰的制作工艺，重新点燃居民对民族服饰的热情，除了居民亲自穿着展示民族服饰外，也可以作为民族艺术照服饰供游客拍照。最后，瑶寨应当培养一批物质文化遗产保护维修方面的专业人才，组织一支专业人才队伍，开办培训课程，鼓励更多人加入到物质文化遗产的修缮工作中去。

（2）整改瑶寨控制区

控制区指的是目前在瑶寨中已出现的大量现代建筑的区域，瑶寨应当对该类现代化建筑及所在区域进行整改。通过对当前的传统建筑结构的分解，获取其特征元素，并利用这些古建筑元素，对新建筑进行重新装修，使其与保护区的传统建筑风格保持一致。

（3）强化瑶寨协调区

协调区是针对聚落自然景观和人文景观交融一体的区域。自然风貌是瑶寨整体景观的一部分，瑶寨应当对自然风貌进行保护性开发，严禁破坏名木古树和天然植被，保护良好的生态环境。其具体做法如下：一是要大力提高居民的生态意识，重视宣传教育与互相监督的作用，营造舒适的旅游环境；二是要形成规模化的农业种植，在满足居民日常需求的基础上增加特色农产品的种植数量，延续当地独有的饮食风味与特色。

2. 聚落精神文化基因

南岭瑶寨聚落精神文化基因中的瑶族的宗教信仰、民风民俗、民族节庆、历史遗存、具有特色的民族歌舞等都需要去保护、传承和发展，因为这些东西是无法用文字记录的，一旦遭到破坏和外来文化的入侵，这些有价值的民间财富就会面临湮灭在时代的潮流中，甚至面临永久地消亡的风险。当地部门对于南岭瑶寨聚落精神文化基因的保护和发展应该高度重视，并且在保护的基础上进行创新，开发设计出适合乡村旅游发展的产品。具体做法体现在以下几方面。

（1）**搭建文化展演舞台**

聚落精神文化的保护可以以舞台为依托，通过民族歌舞、乐曲等居民和游客喜闻乐见的方式，并结合现代表演艺术与舞台技术将聚落精神文化的内涵完美地展现出来。编排的节目根据民族文化节庆时间、民族文化主题来设置不同的展演内容，从而来丰富居民的生活和增强游客的体验感。

（2）**整理恢复民俗史料**

对于不被村民熟知的各类民俗活动，相关部门应及时根据档案部门的史料记载做有针对性的恢复工作，特别是对于那些能够突出瑶寨传统民族特色的活动，它们在一定程度上充当了瑶寨聚落文化的名片，因而更要加以重视和恢复，提升民俗活动在瑶民心中的地位。

（3）设置文化传播展演厅

瑶寨可以设立专门的文化展演厅，将网上搜索到或后期合成的关于聚落民族习俗、节庆、宗教朝拜、民间手工艺或历史文化遗产的影像资料循环播放，营造特定的文化氛围，从而达到宣传的效果。同时，我们要让村民意识到民族文化、历史文化、宗教文化等的重要性，积极大胆地加入到聚落文化保护工作中来，提高居民文化自信，从而推进当地旅游业的发展，促进南岭瑶寨聚落精神文化基因的保护。

（4）加强传承传统技艺

为保证其传统技艺得以永久地传承，我们应邀请拥有传统手工技艺的瑶寨非物质文化传承人，给瑶民召开传统技艺宣传大会，在保证瑶民深刻理解其背后故事的基础上使其积极参与到传统技艺的传承与发展中，让这种工匠精神得以延续下去，将最原汁原味的民俗及技艺呈现给游客。

（5）融合创新发展文化元素

在保护、传承和发展的同时，还要注意与新时代发展的元素相结合，通过推陈出新的方式，做到对社会空间文化的再现，使瑶寨传统文化发展顺应时代发展的潮流。

3. 聚落制度文化基因

南岭瑶寨聚落制度文化基因中的瑶民的商品经济意识和商业化发展意识，同样是需要被激发、引导和挖掘出来的。但是，大部分游客都不喜欢旅游目的地过于商业化。那么，如果没有基本的商业意识形态，又如何为游客提供安全、卫生、便利的旅游服务设施？因此，我们需要辩证地看待这个问题，鼓励瑶民树立健康、积极的经营理念，公平公正地开展经营活动，给游客留下良好的印象。在具体落实上，政府可以对旅游从业人员进行职业培训，使他们具备一定的旅游专业知识和素养，掌握必要的服务常识和服务技能，拥有良好的职业道德和职业操守，具备团队协作精神和大局意识。[1]

(1) 加强职业技能培训

在职业技能方面，大家可以施行"分人分岗"的培训模式，即依照不同个体特征以及不同岗位的不同需求，开展与其相适应的培训。在面对综合能力及素质偏低的居民时，干部应当注重对其职业需求的分析，以一种更加直观易学的方式对其进行教学，使其在培训中能够充分掌握其岗位所需要的职业技能，如餐饮服务技能、客房服务技能、旅游开发基础知识技能、娱乐活动开展技能等。而对于综合能力及素质较高的村民，干部应当增加其在旅游开发管理方面的知识储备，如产品开发设计、市场评估预测、电商业务的开展等，使其能够在当地旅游业未来的开发中起到一定的推动作用。

(2) 更新经营理念

南岭瑶寨要不断提高村民对旅游市场的敏锐度，进而使其在旅游行业中取得较好发展。为了保证村民能更好地为游客提供旅游商品和旅游服务，南岭瑶寨在国家和相关部门的帮助下，制定瑶寨旅游接待的相关服务规章制度与行为准则，并引导社区居民遵循相关制度及规定。南岭瑶寨乡村旅游发展相关管理部门可通过给社区居民讲解对比鲜明的、特点突出的、有代表性的旅游从业经营案例，帮助村民更新旅游经营理念，以适应旅游市场发展的需要。

4. 聚落行为文化基因

南岭瑶寨居民往来之间和睦友善。文明好客一直是少数民族给世人留下的好印象，也是中华民族的优良传统。南岭瑶寨需要保持好的优良传统。在行为文化方面，南岭瑶寨应当充分挖掘其历史上石牌制、瑶老制等民族文化，制定相应的行为规范制度，对村寨中瑶民和游客的行为进行规范，其最直接

---

[1] 尚清芳.旅游供给侧改革背景下乡村旅游从业者职业培训研究：以甘肃省陇南市为例[J].兰州文理学院学报（社会科学版），2017，33（119）：58-63.

的方法就是实行奖惩制度。

（1）发挥瑶族道德榜样的力量

瑶寨应当树立道德标榜，并召开表彰大会，对于在聚落旅游接待过程中表现优秀的居民要公开颁发奖章或其他奖励。反之，对于影响恶劣，如若依态度不友善，影响了游客的旅游体验，则应依情节严重程度给予不同惩罚。

（2）树立瑶寨正能量典范

瑶寨应当对聚落居民传播正能量，通过道德模范、行为榜样的作用给居民树立正确的行为规范，用一颗宽容友善的心接纳游客、欢迎游客、对待游客，给游客营造和谐、融洽、友好的旅游环境。同时，鼓励模范充分发挥带头作用，共同促进村寨良好行为文化的推广与传播。

（3）制定瑶族旅游接待标准

南岭瑶寨可以通过召开村民大会，制定接待游客的服务标准。标准制定后，要求全村人民严格执行并相互监督，共同促进瑶寨标准化服务规范的形成，促使聚落行为文化得到传承和延续，营造有利于聚落文化保护和发展的氛围，促进南岭瑶寨乡村旅游可持续发展。

7.4.2 外围发展路径

1. 整合瑶寨基础设施，便于开展乡村旅游

乡村旅游的发展离不开便捷的道路交通，也离不开吃、住、行、游、购、娱等活动。南岭瑶寨要发展乡村旅游，可以在整改瑶寨基础设施的基础上，充分考虑瑶民自身的生产生活需求和游客的旅游需求，进而为南岭瑶寨乡村旅游的发展提供更多有利条件。

在吃方面，瑶民的生活资源相对游客来说具有原生态的特点，吃的食材更加新鲜和美味。瑶民可学习一些烹饪技术，在满足家庭餐饮的同时，能够为游客提供具有民族地区特色口味的菜肴。

在住方面，瑶民可结合南岭山区瑶寨聚落文化基因特色，修建具有瑶寨聚落文化特色的民宿。这样既改善了自己的居住环境，也为游客提供了不一样的住宿体验。

在行方面，现在自驾游非常普遍，而对于乘坐公共交通工具前往南岭瑶寨的游客则相对不太便利。因此，在交通方面提出以下建议：首先，开通周边县城到南岭瑶寨的直达班车，让不能自驾的游客也能方便地到瑶寨游玩；其次，充分利用便利的道路交通，打造瑶寨旅游精品路线，连接各个文化丰富且具有差异性的瑶寨聚落，联动宣传，开设便利的交通班车或旅游专线以方便游客观赏，从点到面带动南岭瑶寨旅游业的发展；最后，扩建停车场，增加停车位，提高景区接待能力。随着瑶寨经济的发展，瑶民的收入也提高了，有小汽车的家庭逐渐增多，修建停车场既方便瑶民使用，也可满足游客使用需求，使得当地居民与游客都能获益。

在游方面，观光游览、文化休闲体验是游的核心组成部分。南岭瑶寨重要的游览景点和项目，不但与南岭瑶寨良好的自然生态环境息息相关，而且与南岭瑶寨聚落文化基因的开发和利用联系紧密。因此在南岭瑶寨生态环境保护方面，瑶民应当重点关注村寨环境卫生情况，这不仅能为瑶民创造一个干净卫生的生活环境，还能为游客创造一个良好的、生态环境颇佳的旅游环境。同时在南岭山区瑶寨聚落文化旅游项目的开发中，我们要充分认识到南岭瑶寨聚落文化基因是当地重要的旅游资源，通过对南岭瑶寨聚落文化基因的梳理、识别、保护、开发、设计、创新进而形成适宜于开展乡村旅游活动的民族文化体验旅游产品、旅游项目，诸如瑶族文化展示、瑶族歌舞欣赏、瑶族饮食制作等，既能增加游客游的乐趣，也能引起瑶民对南岭瑶寨聚落文化的重视。

在购方面，南岭山区瑶寨物产丰富，随着生产技术的进步，当地农作物的产销可以在旅游发展的同时实现就地销售，能够在满足瑶民自身生活需要的同时，就近将相关物产作为旅游特产销售出去，增加农民的经济收入。

在娱方面，南岭山区瑶寨聚落文化丰富，民间舞蹈、民间文学等娱乐活动的识别、挖掘是对南岭山区瑶寨聚落文化最好的保护。瑶民在自娱的同时，也可以设计带有民族特色的娱乐项目，保护、开发、设计、发展齐头并进。

2. 优化瑶寨公共服务设施，深入开发乡村旅游

南岭瑶寨公共服务设施的完善，是当地旅游接待服务水平提升的前提。首先，在瑶寨里增建公共厕所，并让专人负责，保证卫生状况良好，可供瑶民和游客便捷使用；其次，建立完善的职业技能培训机构及相关培训制度，邀请相关行业精英或高校老师为居民进行培训，既要进行关于农业生产的技能培训，也要进行旅游服务技能与服务意识的培训，让瑶民能够更好地掌握生产和生活的技能，也能更好地为游客提供旅游服务，提高游客的体验舒适度；最后，应充分发挥南岭瑶族农村社区老人协会等维护机构的作用，维护公共环境及公共服务设施的正常运行。

3. 提高居民参与旅游意愿，利于乡村旅游开发

乡村旅游的发展能够增加当地居民收入，社区居民的参与保障了民族地区乡村旅游的顺利开展，是乡村旅游良性循环、可持续发展的必备条件。通过多途径引导社区居民利用传统的古建筑、古街道、老房子，开设店铺或民宿，为游客带来便利，从而增加收入。同时也要注意做好村民的思想工作，转变村民旅游发展意识，动员村民主动积极地投入到乡村旅游发展中来。首先，要加强社区居民对聚落文化和生态环境的保护意识；其次，要提高社区居民的旅游服务技能水平，对社区居民进行旅游服务基础知识培训和当地聚落文化组织的培训，让居民既充分意识到当地吸引游客的资源所在，也意识到对当地聚落文化保护的重要性。

4. 重视游客需求，教育引导保护聚落文化行为

具有吸引力的旅游资源是吸引游客前往的基本要素。在"期望系统"下游客前来参观聚落文化基因时，游客所见、所感是聚落文化基因的外在显现形式，也会在旅游过程中传递和映射到与当地社区居民接触的过程中。因此在聚落文化保护与开发的过程中，南岭瑶寨要有意识地教育和引导游客正确认识和了解聚落文化基因的组成，正确对待聚落文化的观赏形式，做到正确观赏、文明游玩，从而形成良好的聚落文化保护行为。

5. 加强政府组织，保证外围发展条件

无论是乡村旅游的发展，还是聚落文化的保护与发展都离不开政府的支持。对于乡村旅游与南岭瑶寨聚落文化保护和协调发展外围路径的确立，需要政府的帮助。首先，政府应该在政策方面予以支持，制定相关的法律法规，如聚落文化保护条例，表明政府发展乡村旅游、保护聚落文化的决心和毅力。其次，完善相关的奖惩制度，对于在乡村旅游发展和聚落文化保护发展中有所贡献的人要及时进行嘉奖。对于无视政策法规，做出不利于乡村旅游健康发展和聚落文化保护的人，也应及时进行批评教育，情节严重者可采取惩罚等措施。最后，政府应该在思想层面给居民、游客及相关利益者进行引导，鼓励利益相关者追求自身的合法权益，积极参与到南岭瑶寨乡村旅游建设的规划和决策中去，积极投身到聚落文化的保护与发展中。

第 8 章　研究结论与未来展望

8.1　研究结论

8.1.1　研究小结

在广西境内，南岭山脉连绵不绝，"南岭无山不有瑶"。瑶族居住地因其山清水秀、生态环境良好、民风淳朴、民族文化异彩纷呈，成了民族地区乡村旅游发展的热点，使得瑶寨的聚落文化也成了重要的旅游吸引物。但是，目前南岭瑶寨存在着对聚落文化认识不够深刻，聚落文化的保护与开发意识比较薄弱，聚落文化的发展形式比较单一等问题。在游客需求日益增多、民族乡村旅游产品选择日益丰富、民族旅游市场竞争日益激烈的今天，如何深度挖掘、识别、设计、开发与创新南岭山区特色鲜明的瑶寨聚落文化，从而形成独具特色的旅游吸引力，是南岭山区瑶寨乡村旅游发展要解决的首要问题，也是南岭山区瑶寨聚落文化保护和发展的关键之一。因此，选择研究南岭瑶寨聚落文化与乡村旅游协调发展的模式，进一步探讨乡村旅游与南岭山区瑶寨聚落文化保护与发展的方向和路径，对于提升南岭山区瑶寨聚落文化保护与发展意识，促进南岭瑶族地区乡村旅游可持续发展及南岭山区瑶寨聚落文化的保护、传承和发展具有一定的现实意义。

本研究通过对南岭山区瑶寨的实地考察和深入访谈，以探索瑶寨聚落文化基因视角、乡村旅游发展视角和游客感知视角下的乡村旅游与聚落文化协调发展为研究目标，沿循资料准备和开展调研、理论研究与实地调查、理论推导与定量研究、实证分析与初步成果交流、补充调研和成果修订的研究路线，采取规范分析与实证分析相结合的方法，最后提出了南岭山区瑶寨乡村旅游协调发展模式，乡村旅游发展中保护和发展南岭瑶寨聚落文化的原则和途径。

1. 主要内容

（1）梳理瑶寨聚落文化价值

利用文化基因景观理论分析南岭山区瑶寨聚落文化基因的组成，根据文化四元论，在文化"期望系统"下，构建包括聚落物质文化基因、聚落精神文化基因、聚落制度文化基因、聚落行为文化基因等四个层面，共计22个二级指标的聚落文化基因指标体系。通过对南岭瑶寨聚落文化基因的深层次考察、梳理、表达和提取，绘制南岭山区瑶寨聚落文化基因图谱，彰显瑶寨聚落文化的价值，突显瑶寨聚落文化保护的意义。

（2）阐述南岭山区瑶寨乡村旅游开发的现状

首先，介绍了南岭瑶寨乡村旅游发展的契机、作用和意义；其次，分析游客感知视角下南岭瑶寨聚落物质文化基因、聚落精神文化基因、聚落制度文化基因、聚落行为文化基因在乡村旅游发展中的展现形式，借此归纳出南岭瑶寨乡村旅游发展的特点；最后，提出了南岭山区瑶寨乡村旅游开发的模式。

（3）分析乡村旅游对南岭山区瑶寨聚落文化的实证影响

首先，阐述乡村旅游目的地生命力周期不同发展阶段所对应的不同特征，选取南岭山区瑶寨乡村旅游发展的典型目的地，分析其在乡村旅游目的地生命周期不同发展阶段及特征；其次，开展实地调研，通过对富川瑶族自治县秀水村、恭城瑶族自治县红岩村两地的实地调研，了解游客对南岭山区瑶寨聚落文化的不同认识。在南岭瑶寨聚落文化保护和发展重要性的感知程度排序中，聚落物质文化基因排在第一位，聚落精神文化基因排在第二位，聚落行为文化基因排在第三位，聚落制度文化基因排在第四位。同时在调研中发现卫生整洁度、乡村交通条件、民族特色建筑、自然风光景观、民风民俗、民族艺术文化和民族歌舞表演、居民文明礼仪交往方面和居民好客度等文化基因的重要程度的感知较高，均达到4分以上（满分为5分），对于纪念品、民族宗教信仰、当地居民商品经济意识和商业化程度的重要程度的感知相对较低，都在3.5分左右。游客同时也从整合南岭山区瑶寨基础设施建设、深度开发民族特色旅游产品、营造乡土性和民族性的文化氛围、坚持旅游开发与文化保护相结合的道路共同开发和保护南岭聚落文化等方面提出建议。

2. 对策建议

（1）南岭山区乡村旅游与瑶寨聚落文化保护协调发展路径

首先，本书分析了南岭乡村旅游发展对瑶寨聚落文化保护发展的拉力与推力，探索乡村旅游与南岭瑶寨聚落文化的协调发展机制；其次，提出南岭瑶寨聚落文化保护和开发应遵循主次原则、度与量的原则、外围包围内核的原则、可持续发展原则；最后，提出乡村旅游发展中南岭瑶寨聚落文化保护与发展的路径，从识别开发所需的基础设施、社区居民、游客意愿、公共服务、生态环境等外围基础条件开始，以梳理、识别、保护、设计、创新和发展聚落文化基因的举措为内核保护路径，进而实现乡村旅游与南岭山区瑶寨聚落文化协调发展的目标。

（2）南岭山区乡村旅游与瑶寨聚落文化保护发展的保障措施

研究提出，政府应从制定明确的聚落文化保护条例，推进宣传聚落文化保护与发展的重要性。我们利用乡村旅游发展提高瑶寨的经济收入，加大新技术在聚落文化保护发展中的应用，维护生态环境，以保证旅游发展所要求的环境，通过展演的方式保证聚落文化传承，稳定民族社区团结等七个方面构建乡村旅游与南岭山区瑶寨聚落文化保护协调发展有效运行的保障体系。

3. 研究价值

实践证明，乡村旅游的发展对促进城乡沟通、缩小城乡的经济和文化差距发挥着重要作用，是建设社会主义新农村、构建新型的和谐的城乡关系、保护和发展乡村聚落文化的一种有效途径。在党的十八大报告中提出的"全面建设小康社会"、党的十九大报告中提出的"乡村振兴战略"后，本研究通过对南岭山区瑶寨乡村旅游发展路径的探索，促进瑶寨乡村聚落文化的保护、传承和弘扬，对于推动民族地区旅游业健康持续发展、促进民族团结、建构和谐民族社区具有重要的社会意义和实际应用价值。

调研期间通过走访南岭山区瑶寨所在市县相关行政部门，深度访谈了解南岭山区瑶寨村民，问卷调查了解游客对南岭瑶寨聚落文化的认知，为南岭山区瑶寨、相关部门及利益相关者宣传了南岭聚落文化保护的重要性，提出乡村旅游发展新观念，展开相应的服务培训，为南岭山区瑶寨乡村旅游的发展和聚落文化的保护和发展贡献微薄力量。

8.1.2 研究不足

本研究存在着以下不足之处。一方面，理论的实践应用有待检验。尽管在生物学领域，基因理论比较成熟，在景观基因的梳理、提取、应用方面也比较广泛，但是在聚落文化领域，相关的理论成果和实践经验少之又少，这对本课题具备扎实的理论和实践基础会产生一定程度的影响。因此，在本课题的研究过程中提出的理论观点是否准确可行，还有待于以后进一步地实践检验。另一方面，受一些客观因素影响，实地调查开展范围的地域局限也有可能影响本研究结论在其他民族地区的适用性。尽管课题组成员花费了许多时间和资金进行实地调查，通过多种途径了解南岭瑶寨乡村旅游发展的现状、梳理南岭山区瑶寨聚落文化的组成，提出聚落文化保护措施、发展路径和保障体系，可是受条件的限制，调查依然不够深入，因此本课题研究结论的现实基础也就显得相对薄弱，可能在一定程度上影响研究结论的普适性。

8.2 未来展望

总体来说，基于乡村旅游发展视角的聚落文化保护和发展的研究还处于探索阶段。将来的研究应该关注以下几方面：一是长时间、不同时段对研究目的地跟踪调查研究，将研究成果建立在动态研究的基础上，得出更科学的数据和研究结果。二是从社区居民感知的角度，综合研究旅游对瑶寨聚落文化的影响。应从多学科角度开展研究，将聚落文化保护和发展的研究与"主""客"感知两大主题相结合。这将是今后乡村旅游发展中聚落文化保护和发展的新领域，增加跨学科角度研究聚落文化保护与发展是今后的研究方向。三是重视聚落文化基因理论体系建设，更多地借鉴并运用其他学科的研究方法，将定性研究与定量研究相结合，从"主"和"客"的视角加强乡村旅游对民族旅游目的地聚落文化保护和发展的影响指标体系的研究。今后的研究需在更广泛的区域和更高的层面上探索聚落文化保护与发展的对策，即在更广泛的区域内和更高的层面上提出南岭瑶寨聚落文化保护和发展的战略，进而为广西壮族自治区和其他少数民族聚落文化保护和发展提供借鉴及参考性意见。

参考文献

[1] 中国旅游研究院.中国旅游研究30年专家评论1978-2008[M].北京：中国旅游出版社，2009.

[2] 上海师范大学地理系《中国地理》编写组.祖国的好山河[M].上海：上海人民出版社，1973.

[3] 曾艳，覃录辉，黎瑞江，等.瑶族文化探骊全国瑶族文化高峰论坛论文集[M].北京：中央民族大学出版社，2011.

[4] 冯光明，蔡运记，冯靖雯.经济与管理类毕业论文写作导论[M].北京：清华大学出版社，2013.

[5] 马凌诺夫斯基.文化论[M].费孝通，译.北京：华夏出版社，2001.

[6] 费孝通.六上瑶山[M].北京：群言出版社，2015.

[7] 丹尼·L.乔金森.参与观察法关于人类研究的一种方法[M].张小山，龙筱红，译.重庆：重庆大学出版社，2015.

[8] 黄纯.产业集群风险传导与扩散及其治理机制研究[M].杭州：浙江大学出版社，2016.

[9] 冯智明.南岭民族走廊传统村落的多维空间实践及其演化：以瑶族传统村落为例[J].西南民族大学学报（人文社科版），2018，39（10）：36-41.

[10] 邓敏.南岭瑶族地区乡村旅游开发研究[J].广西农学报，2013，28（03）：81-84.

［11］张艳，张勇.乡村文化与乡村旅游开发［J］.经济地理，2007（3）：509-512.

［12］陶长江，吴屹，王颖梅.文化生态视角下的非物质文化遗产保护性旅游开发研究：以广西瑶族盘王大歌为例［J］.广西民族研究，2013（4）：155-163.

［13］蒋海军.武陵山片区非物质文化遗产保护性旅游开发探讨：以湖南新宁八峒瑶族"跳鼓坛"为例［J］.文化遗产，2015（5）：25-31.

［14］玉时阶.越南瑶族地区的旅游开发与文化变迁：以越南老街省沙巴县大坪乡为例［J］.广西民族研究，2013（3）：103-109.

［15］郭山.旅游开发对民族传统文化的本质性影响［J］.旅游学刊，2007，22（4）：30-35.

［16］王小磊，张兆胤，王征兵.试论乡村旅游与农业旅游［J］.经济问题探索，2007（2）：155-158.

［17］何景明，李立华.关于"乡村旅游"概念的探讨［J］.西南师范大学学报（人文社会科学版），2002（5）：125-128.

［18］王兵.从中外乡村旅游的现状对比看我国乡村旅游的未来［J］.旅游学刊，1999（2）：38-42+79.

［19］何景明.国外乡村旅游研究述评［J］.旅游学刊，2003（1）：76-80.

［20］戴斌，周晓歌，梁壮平.中国与国外乡村旅游发展模式比较研究［J］.江西科技师范学院学报，2006（1）：16-23.

［21］文军.乡村旅游开发研究［D］.广州：中南林学院，2003.

［22］尤海涛，马波，陈磊.乡村旅游的本质回归：乡村性的认知与保护［J］.中国人口·资源与环境，2012（9）：158-162.

［23］刘德谦.关于乡村旅游、农业旅游与民俗旅游的几点辨析［J］.旅游学刊，2006（3）：12-19.

［24］郭丽，章家恩.关于乡村旅游概念及其内涵的再思考［J］.科技和产业，2010，10（5）：58-61.

［25］董丹丹.乡村旅游基础设施建设研究［J］.农业经济，2020（4）：43-45.

［26］刘振礼，王兵.新编中国旅游地理：第5版［M］.天津：南开大学出版社，2015.

［27］Fun F S, Chiun L M, Songan P, et al.The Impact of Local Communities' Involvement and Relationship Quality on Sustainable Rural Tourism in Rural Area, Sarawak.The Moderating Impact of Self-efficacy［J］. Procedia - Social and Behavioral Sciences, 2014（8）: 60-65.

［28］Bălan M, Burghelea C.Rural Tourism and its Implication in the Development of the Fundata Village.［J］. Procedia-Social and Behavioral Sciences, 2015（3）: 276-281.

［29］Barkauskas V, Barkauskienė K, Jasinskas E. Analysis of Macro Environmental Factors Influencing the Development of Rural Tourism: Lithuanian Case［J］.Procedia-Social and Behavioral Sciences, 2015（12）: 167-172.

［30］Rajaratnam S D, Munikrishnan U T, Sharif S P, et al.Service Quality and Previous Experience as a Moderator in Determining Tourists' Satisfaction with Rural Tourism Destinations in Malaysia: A Partial Least Squares Approach［J］. Procedia - Social and Behavioral Sciences, 2014（8）: 203-211.

［31］Hanafiah M H, Azman I, Jamaluddin M, et al. Responsible Tourism Practices and Quality of Life: Perspective of Langkawi Island communities［J］. Procedia-Social and Behavioral Sciences, 2016（6）: 406-413.

［32］卢世菊.少数民族地区乡村旅游发展与和谐社会构建研究［J］.贵州民族研究，2006（2）：108-113.

［33］何伟.少数民族地区乡村旅游发展模式探讨［D］.成都：四川大学，2007.

［34］邓敏.民族地区乡村旅游发展研究［D］.桂林：广西师范大学，2007.

[35] 李先锋，张红梅，何健.民族地区乡村旅游社会影响的实证调查与分析：以宁夏古城村为例[J].特区经济，2008（11）：160-161.

[36] 郑文俊.西南民族地区乡村旅游发展模式探析：以广西壮族自治区柳州市为例[J].农村经济与科技，2013（3）：110-112+85.

[37] 李浩淼.拥有优势资源的民族地区乡村旅游发展问题及对策研究：以凉山彝族自治州大箐乡白庙村为例[J].西昌学院学报（自然科学版），2013（4）：71-73+82.

[38] 吕惠明.试论民族地区乡村旅游开发创新模式[J].农业经济，2010（2）：91-92.

[39] 肖鸿燚.北方民族地区乡村旅游发展初探[J].黑龙江民族丛刊，2015（1）：42-46.

[40] 刘化雨.贵州民族贫困地区乡村旅游存在的问题与对策研究[J].产业与科技论坛，2016（12）：26-28.

[41] 王兴贵.四川民族地区乡村旅游开发与治理研究：以丹巴县为例[J].四川林勘设计，2016（3）：14-19+32.

[42] 刘爽.论西部民族地区加快发展乡村旅游的对策[J].山西农经，2016（1）：126-127.

[43] 赵晓梅.中国活态乡土聚落的空间文化表达：以黔东南地区侗寨为例[M].南京：东南大学出版社，2014.

[44] 金其铭.农村聚落地理[M].北京：科学出版社，1988.

[45] 夏征农.辞海1999年缩印版本[M].上海：上海辞书出版社，2006.

[46] 卢荣轩，童辉波.试论村落文化的基本特征及历史性变革[J].社会主义研究，1993（1）：58-61.

[47] 费孝通.乡土中国·生育制度[M].北京：北京大学出版社，1998.

[48] 胡彬彬，吴灿.中国村落文化研究现状及发展趋势[J].科学社会

主义，2014（6）：99-104.

[49] 陈世娟.论村落文化的基本特征[J].湖北师范学院学报（哲学社会科学版），1993（2）：8-13.

[50] 卢荣轩，童辉波.试论村落文化的基本特征及历史性变革[J].社会主义研究，1993（1）：58-61.

[51] 姚蓓琴.村落文化和农村两个文明建设[J].社会科学，2000（4）：58-61.

[52] 施臻.抓好村落文化使之成为经济发展的推进器[J].农村·农业·农民，2002（6）：36.

[53] 李银河.生育与村落文化·一爷之孙[M].北京：文化艺术出版社，2003.

[54] 曹卉，汪火根.村落文化视野下的生育与教育：一个土家村寨的人类学调查[J].湖北民族学院学报（哲学社会科学版），2004（4）：18-22.

[55] 秦树理.发掘村落文化资源建设社会主义先进文化[J].河南社会科学，2005（5）：137-138.

[56] 刘瑞娟.论村落文化与乡风文明建设[J].江西农业大学学报（社会科学版），2007（2）：83-85.

[57] 叶芳.村落文化范式的转换和创新[J].青海社会科学，2007（4）：40-44.

[58] 葛勇军.新农村建设中加强村落文化建设的探索与思考[J].中国西部科技，2009（15）：53-54.

[59] 胡彬彬，吴灿.中国村落文化研究现状及发展趋势[J].科学社会主义，2014（6）：99-104.

[60] 闵英，曹维琼.重构传统村落文化保护与发展的文本意识[J].贵州社会科学，2016（11）：76-83.

[61] 王乐.村落文化的传承与乡村学校的使命[J].湖南师范大学教育

科学学报，2016，15（6）：26-32.

[62] 王萍.传统村落文化数字资源建设研究[J].图书馆建设，2018(7)：54-59.

[63] 任映红.乡村振兴战略中传统村落文化活化发展的几点思考[J].毛泽东邓小平理论研究，2019（3）：34-39+108.

[64] 金星华.民族文化理论与实践：首届全国民族文化论坛论文集：下册[M].北京：民族出版社，2004（12）：1075.

[65] 崔峰，李明，沈志忠.经济社会发展对海岛型农业聚落文化遗产保护的影响：以连云港西连岛村为例[J].中国农史，2014，33（1）：123-131.

[66] 赵会宾，张立.聚落文化景观的未来：以世界物质文化遗产宏村为例[J].品牌，2015（1）：154.

[67] 杨春锁.光禄古镇聚落文化对地域旅游景观的影响研究[J].艺术教育，2017（Z5）：282-284.

[68] 王中华.加快我国农业聚落文化遗产发展乡村旅游业的路径探讨[J].对外经贸实务，2018（6）：81-84.

[69] 谷国锋.区域经济发展的动力系统研究[D].吉林：东北师范大学，2005.

[70] 亚当·斯密.国富论[M].张兴，田要武，龚双红，译.北京：北京出版社，2007.

[71] 郭孝芝.山西省科技创新政策效果评估研究[D].太原：太原理工大学，2015.

[72] 索洛.增长理论：一种说明[M].王恩冕，沈晓明，译.北京：华夏出版社，1988.

[73] 高鸿业.西方经济学宏观部分[M].北京：中国人民大学出版社，2011.

[74] 张攀，杨进，周星.中国旅游业发展与区域经济增长：254个地级市的面板数据[J].经济管理，2014，36（6）：116-126.

[75] 史东明.增长极理论与实践[J].外国经济与管理，1995（2）：25-26+37.

[76]张双格.河北省产业集群与区域经济增长的耦合关系研究［D］.沈阳：辽宁大学，2018.

[77]谭崇台.发展经济学［M］.太原：山西经济出版社，2001.

[78]谷国锋.区域经济发展的动力系统研究［D］.吉林：东北师范大学，2005.

[79]黄河.基于增长极理论的金沙江下游旅游圈合作模式研究［J］.生产力研究，2010（12）：132+134.

[80]夏学英，金艳春.试论辽宁旅游产品增长极培育［J］.中国地名，2010（11）：36-38.

[81]伍兹.文化变迁［M］.施惟达、胡华生，译.昆明：云南教育出版社，1989.

[82]伍兹.文化变迁［M］.何瑞福，译.石家庄：河北人民出版社，1989.

[83]黄淑娉，龚佩华.文化人类学理论方法研究［M］.广州：广东高等教育出版社，1998.

[84]黄淑娉.人类学民族学文集［M］.北京：民族出版社，2003.

[85]司马云杰.社会文化学［M］.济南：山东人民出版社，1987.

[86]卡尔普.分子细胞生物学［M］.北京：高等教育出版社，2005.

[87]赵亚华.分子生物学教程［M］.北京：科学出版社，2006.

[88]Fletcher H，Hickey I，Winter P.遗传学：第3版［M］.张博，译.北京：科学出版社，2010.

[89]赵传海.论文化基因及其社会功能［J］.河南社会科学，2008（2）：50-52.

[90]谢晓蓉.生物传递基因与文化传播谜米［J］.河西学院学报，2003（4）：81-83.

[91]塞尔日·莫斯科维奇.社会表征［M］.高健，高文珺，俞容龄，译.北京：中国人民大学出版社，2011.

［92］Wagner W G, Duveen R F. Theory and Methods of Social Representations［J］. Asian Journal of Social Psychology，1999，2（1）：95-125.

［93］克洛德·列维-斯特劳斯.结构人类学［M］.张祖建，译.北京：中国人民大学出版社，2006.

［94］马凌诺夫斯基.文译化论［M］.费孝通，译.北京：华夏出版社，2001.

［95］胡志高，刘志明.社会文明结构：二分法抑或三分法［J］.甘肃理论学刊，2000（1）：68-72.

［96］宋宝昌.企业文化的同心圆模式［J］.企业文化，2003（12）：48-49.

［97］薛汪祥.基于文化层次理论的广州城市特色风貌要素研究［D］.广州：华南理工大学，2018.

［98］吴维库.领导学［M］.北京：高等教育出版社，2006.

［99］埃德加·沙因.组织文化与领导力：第4版［M］.章凯，罗文豪，译.北京：中国人民大学出版社，2014.

［100］肖玉青.瑶族的民间信仰［J］.文史月刊，2012（6）：66-68.

［101］卢万兵.加快瑶族地区商品经济发展步伐［J］.学术论坛，1985（5）：33-34.

［102］李永乐，陈远生，张雷.基于游客感知与偏好的文化遗产旅游发展研究：以平遥古城为例［J］.改革与战略，2007（12）：123-126.

［103］高明.游客感知价值、游客满意度和行为倾向的关系研究述评［J］.江西农业大学学报（社会科学版），2011，10（3）：135-143.

［104］梁江川，张伟强.基于活动偏好市场细分的旅游产品谱系开发：以开平碉楼世界文化遗产为例［J］.旅游学刊，2009，24（9）：36-42.

［105］胡彬彬，吴灿.中国村落文化研究现状及发展趋势［J］.科学社会主义，2014（6）：99-104.

［106］曾美海，杨娴.民族文化资源开发中的底线思维［J］.中华文化论

坛，2015（10）：132-134.

［107］赛江涛，乌恩.乡村旅游文化内涵的界定［J］.河北林果研究，2006（3）：343-345+353.

［108］张艳，张勇.乡村文化与乡村旅游开发［J］.经济地理，2007（3）：509-512.

［109］罗伯特·F.墨菲.文化与社会人类学引论［M］.王卓君，译.北京：商务印书馆，2009.

［110］吴忠军，邓鸥.南岭民族走廊贫困现状与扶贫开发研究［J］.广西民族研究，2014（6）：136-146.

［111］田园，龚粤宁，邓素玲.南岭华南物种进化中心［J］.森林与人类，2014（10）：18-24.

［112］黄现璠，黄增庆，张一民.壮族通史［M］.南宁：广西民族出版社，1988：742-743.

［113］中国科学院、国家计划委员会自然资源综合考察委员会南岭山区科学考察组.南岭山区自然资源开发利用［M］.北京：科学出版社，1992.

［114］周国逸，张虹鸥，周平.南岭山地的多学科综合研究价值［J］.热带地理，2018，38（3）：293-298.

［115］王发国，陈振明，陈红锋，等.南岭国家级自然保护区植物区系与植被［M］.武汉：华中科技大学出版社，2013.

［116］周生来.关于建立南岭地区瑶族文化生态保护区的思考［J］.民族论坛，2013（12）：23-27.

［117］覃德清，杨丽萍.南岭民族走廊文化积淀与审美人类学研究的拓展［J］.文化遗产，2009（3）：111-117.

［118］苏秉琦.中国文明起源新探［M］.北京：生活·读书·新知三联书店，1999.

［119］郑超雄.从古国到方国：壮族文明起源的新思考［J］.广西民族研

究，2003（4）：60-68.

［120］余达佳，覃乃昌.费孝通先生视察南岭瑶族地区谈话要点［J］.广西民族研究，1989（2）：1-5.

［121］李肇隆.瑶族民俗风情［M］.南宁：广西民族出版社，2012.

［122］麻国庆.南岭民族走廊的人类学定位及意义［J］.广西民族大学学报（哲学社会科学版），2013，35（3）：84-90.

［123］王瑞花，张兵，尹弘.国外乡村旅游开发模式初探［J］.云南地理环境研究，2005（2）：73-76.

［124］李旭东，张金岭.西方旅游研究中的"真实性"理论［J］.北京第二外国语学院学报，2005，000（001）：1-6.

［125］单琼花，王琨，葛冬.乡村旅游的特点及在民族地区开发中的意义［J］.安徽农业科学，2008（20）：8775-8776.

［126］夏学英，刘兴双.新农村建设视阈下乡村旅游研究［M］.北京：中国社会科学出版社，2014.

［127］杨载田，刘沛林.南岭山区传统聚落景观资源及其旅游开发研究［J］.长江流域资源与环境，2004（1）：35-39.

［128］陈华.促进南岭地区和谐发展的有效载体：打造"南岭瑶族盘王节"的思考［N］.广西日报，2010-01-07.

［129］张树民.中国乡村旅游发展模式与政策保障研究［M］.北京：中国旅游出版社，2014.

［130］中共中央马克思恩格斯列宁斯大林著作编译局.马克思恩格斯文集：第2卷普及本［M］.北京：人民出版社，2009.

［131］袁绪程.关于"经济基础"概念的再认识［J］.国内哲学动态，1982（11）：15-17.

［132］中共中央马克思恩格斯列宁斯大林著作编译局.斯大林选集：下［M］.北京：人民出版社，1979.

[133] 林建邦. 市场调研与预测 [M]. 广州：中山大学出版社, 2018.

[134] 张辉, 厉新建. 旅游经济学原理 [M]. 北京：旅游教育出版社, 2004.

[135] 郭凌, 杨启智. 乡村旅游开发与乡村文化变迁 [M]. 成都：西南财经大学出版社, 2014.

[136] 何景明. 乡村旅游发展及其影响研究 [M]. 北京：知识产权出版社, 2013.

[137] 何丽芳. 乡村旅游与传统文化 [M]. 北京：地震出版社, 2006.

[138] 付·吉力根. 浅析旅游开发对民族文化变迁的影响 [J]. 北方经济, 2007 (10): 54-55.

[139] 马晓京. 国外民族文化遗产旅游原真性问题研究述评 [J]. 广西民族研究, 2006 (3): 185-191.

[140] 尚清芳. 旅游供给侧改革背景下乡村旅游从业者职业培训研究：以甘肃省陇南市为例 [J]. 兰州文理学院学报（社会科学版）, 2017, 33 (119): 58-63.

[141] 罗娟, 黄艳萍. 桂林旅游地生命周期定位分析 [J]. 毕节学院学报, 2010,（2）: 93-97.

[142] 保继刚. 旅游开发研究原理·方法·实践：第2版 [M]. 北京：科学出版社, 2003.

[143] 汤文奇. 基于旅游地生命周期理论的乡村旅游产品的发展与创新：以南京市大塘金熏衣草庄园为例 [J]. 旅游纵览（下半月）, 2019 (2): 42-43.

[144] Stansfield C. Atlantic City and the Resort Cycle [J]. Annals of Tourism Research, 1978, 5 (2): 238-251.

[145] Debbage K G. Oligopoly and the Resort Cycle in the Bahamas [J]. Annals of Tourism Research, 1990 (17): 513-527.

[146] Kozak M, Martin D. Tourism Life Cycle and Sustainability Analysis: Profit-Focused Strategies for Mature Destinations [J]. Tourism Management,

2012（2）：188-194.

［147］Pilving T，Kull T M，Suškevics M，et al. The Tourism Partnership Life Cycle in Estonia：Striving Towards Sustainable Multisectoral Rural Tourism Collaboration［J］. Tourism Management Perspectives，2019（3）：219-230.

［148］孙仲明.旅游开发研究论集［M］.北京：旅游教育出版社，1990.

［149］许春晓."旅游产品生命周期论"的理论思考［J］.旅游学刊，1997，12（5）：43-46.

［150］保继刚.旅游开发研究原理·方法·实践：第2版［M］.北京：科学出版社，2003.

［151］杨效忠，陆林，张光生，等.旅游地生命周期与旅游产品结构演变关系初步研究：以普陀山为例［J］.地理科学，2004（4）：500-505.

［152］许静娜.基于生命周期论的旅游地动态能力演变研究［J］.浙江旅游职业学院学报，2014（3）：15-18.

［153］赵影，钟小东.基于旅游地生命周期理论的乡村旅游经济适应性管理策略研究［J］.农业经济，2016（8）：38-40.

［154］沈克.基于旅游地生命周期理论的乡村旅游成长性研究：以信阳郝堂村为例［J］.信阳师范学院学报（自然科学），2018，31（1）：68-72.

［155］葛成唯，李涛.关于旅游目的地生命周期与深度发展研究：以泰山景区为例［J］.现代商业，2013（9）：120-121.

［156］保继刚，楚义芳.旅游地理学［M］.北京：高等教育出版社，1999.

［157］沈东子.人居广西［M］.桂林：漓江出版社，2015.

［158］《尚旅游图》编委会.广西，等你来［M］.北京：星球地图出版社，2015.

［159］丁德斌，钟介保.中国古镇精华游2014版［M］.上海：同济大学出版社，2013.

［160］林建邦.市场调研与预测［M］.广州：中山大学出版社，2018.

［161］Butler R .The Concept of a Tourist Area Cycle of Evolution： Implications for Management of Resources［J］. Canadian Geographer，1980（1）：5-12.

后　　记

　　本书是笔者在近几年研究成果的基础上修订而成的。回想过去调研与写作的日子，我总是感觉充满着劳作的艰辛与充实的愉悦。随着研究的深入，我对南岭瑶寨聚落文化了解越深刻，就越希望引起更多人对乡村旅游与瑶寨聚落文化的重视，并希望挖掘出那些隐藏在民间的传统文化，并激励大家在全球化的浪潮中，一起投入到南岭瑶寨聚落文化的保护与发展中。

　　本书的完成，得益于大家的真诚帮助。我首先需要感谢的是桂林理工大学旅游与风景园林学院的领导和同仁们的不断支持与鼓励。在这充满朝气的学院中，我时刻感受到学院对青年教师的重视与培养，这也坚定了我从事乡村旅游与瑶族文化研究的信念。在这里，我要特别感谢旅游与风景园林学院的吴忠军教授、郑文俊教授、黄燕玲教授，中南民族大学的张跃平教授、李忠斌教授、李俊杰教授、陈祖海教授等，是他们指引了我学术的研究方向。我还要感谢研究生同学原云芬和陈倩，是他们在我后期的写作及校稿中做出了默默的奉献。

　　感谢我十岁的女儿，是她伴我度过了此书写作中最艰难的时光，让我充满了学习和工作的动力。感恩我的父母，他们虽然不从事学术，但是却以极大的热情支持着我。父亲是我的第一读者，他花费许多时间来帮助我的文章修订错字及润色，母亲一如既往地用她的温柔和大度，给予我和女儿生活上无微不至的照顾。感谢先生、公婆对我研究工作的大力支持，是他们的鼓励令我在学术上不断精进。

还要特别感谢富川瑶族自治县秀水村和恭城瑶族自治县红岩村的各位村民，每次当我带着疑问来到村落调查时，总能够听到新故事，发现新问题，激发新灵感，找到新思路。我在与纯朴的村民交往过程中，总是能够获得他们的信任、支持与配合，他们是我永远的最朴实无华的朋友。

由于篇幅所限，我无法在这寥寥数语中感谢到帮助过我的所有老师、亲人和朋友，暂且将这份感激深藏心底吧，衷心祝愿你们幸福、快乐、安康！

邓敏

2020 年 5 月

附录

附录1 富川瑶族自治县秀水村聚落文化游客感知调查问卷

尊敬的游客：

您好！如果您能花几分钟的时间填好这份调查问卷（在合适的选项上打√），您的意见将被用以指导南岭瑶寨乡村旅游过程中聚落文化的保护和发展的研究工作。我们将非常感谢！

桂林理工大学旅游与风景园林学院

（一）下表左侧是影响游客满意度的各要素，右侧是您对各项要素的满意度打分

序号	影响要素	重要程度 非常不重要 / 不重要 / 一般 / 重要 / 非常重要	满意度 非常不重要 / 不重要 / 一般 / 重要 / 非常重要
1	聚落自然生态文化基因	1　2　3　4　5	1　2　3　4　5
2	聚落农业种植文化基因	1　2　3　4　5	1　2　3　4　5
3	聚落特色建筑文化基因	1　2　3　4　5	1　2　3　4　5
4	聚落特色服饰文化基因	1　2　3　4　5	1　2　3　4　5
5	聚落特色饮食文化基因	1　2　3　4　5	1　2　3　4　5
6	聚落地方交通文化基因	1　2　3　4　5	1　2　3　4　5
7	聚落环境保护文化基因	1　2　3　4　5	1　2　3　4　5
8	聚落卫生整洁文化基因	1　2　3　4　5	1　2　3　4　5
9	聚落旅游购物服务基因	1　2　3　4　5	1　2　3　4　5

续表

序号	影响要素	重要程度 非常不重要 / 不重要 / 一般 / 重要 / 非常重要	满意度 非常不重要 / 不重要 / 一般 / 重要 / 非常重要
10	聚落购物纪念品文化基因	1 2 3 4 5	1 2 3 4 5
11	聚落节庆活动文化基因	1 2 3 4 5	1 2 3 4 5
12	聚落娱乐项目文化基因	1 2 3 4 5	1 2 3 4 5
13	聚落歌舞表演文化基因	1 2 3 4 5	1 2 3 4 5
14	聚落宗教信仰文化基因	1 2 3 4 5	1 2 3 4 5
15	聚落民风民俗文化基因	1 2 3 4 5	1 2 3 4 5
16	聚落历史遗存文化基因	1 2 3 4 5	1 2 3 4 5
17	聚落居民商品经济意识文化基因	1 2 3 4 5	1 2 3 4 5
18	聚落服务产业商品化文化基因	1 2 3 4 5	1 2 3 4 5
19	聚落居民文明礼仪文化基因	1 2 3 4 5	1 2 3 4 5
20	聚落居民友好待客文化基因	1 2 3 4 5	1 2 3 4 5

（二）您认为旅游业发展给当地哪些方面影响最大？（您认为正面影响最大就在正面影响下打"√"，负面影响最大就在负面影响下打"√"）

（1）生态环境方面：

A. 正面影响：（如促进生态环境保护、环境美化和景观塑造等及前面所提到的内容）

B. 负面影响：（如旅游地水体污染、空气污染、噪音等污染严重及前面提到的内容）

（2）社会文化方面：

A. 正面影响：（如旅游地传统文化、古迹修复与保护及前面提到的内容）

B. 负面影响：（如当地居民过分注重物质利益，民族文化艺术失传及前面所提到的内容）

（3）经济方面：

A. 正面影响：（如当地财政收入增加及前面提到的内容）

B. 负面影响：（如造成农业与旅游产业不平衡及前面提到的内容）

（三）游客基本信息

1. 您的性别：A. 男　　　B. 女

2. 您的职业是：

　　A. 政府公职人员　　B. 企事业管理人员　　C. 专业／文教技术人员

　　D. 服务销售商贸人员　E. 工人　　　　　　F. 农民

　　G. 学生　　　　　　H. 离退休人员　　　　I. 其他

3. 您的年龄：

　　A. 18–20 岁　　　　B. 21–29 岁　　　　　C. 30–39 岁

　　D. 40–49 岁　　　　E. 50–59 岁　　　　　F. 60 岁及以上

4. 您的教育程度：

　　A. 初中及以下　　　B. 高中　　　　　　　C. 大专

　　D. 大学　　　　　　E. 研究生以上

5. 您税后月收入：

　　A. 1000 元 –2000 元　B. 2001 元 –3000 元　　C. 3001 元 –5000 元

　　D. 5001 元 –8000 元　E. 8001 元 –1 万元　　　F. 1 万元以上

6. 客源地：

　　国内客人＿＿＿＿省（直辖市／自治区）/＿＿港＿＿澳＿＿台

　　国外客人

7. 您认为瑶族地区乡村旅游可以开展的旅游项目有＿＿＿＿，最有特色的项目＿＿＿＿。（可多选）

　　A. 果园采摘　　　　B. 参与农事劳动　　　C. 参加节庆活动

　　D. 体验瑶族民风　　E. 品尝特色饮食

8. 在瑶族地区乡村旅游建设中，您认为目前最需要改进的是：

　　A. 住宿　　B. 饮食　　C. 娱乐　　D. 交通　　E. 购物

　　F. 游览设施　G. 服务质量　H. 宣传

9. 您认为瑶族地区开展乡村旅游应注意：

    A. 条件还不成熟，放慢发展速度

    B. 完全具备开展乡村旅游条件，应加大开发力度

    C. 应建立一些独特的瑶族村寨为瑶族乡村旅游品牌

    D. 应与其他旅游线路精品进行设计组合

附录2 恭城瑶族自治县红岩村聚落文化游客感知调查问卷

尊敬的游客：

您好！如果您能花几分钟的时间填好这份调查问卷（在合适的选项上打√），您的意见将被用以指导我们完成南岭瑶寨乡村旅游过程中聚落文化的保护和发展的研究工作，我们将非常感谢！

桂林理工大学旅游与风景园林学院

（一）下表左侧是游客对旅游目的地文化感知的各要素，请您对各要素的认知打分①

序号	影响要素	重要程度 非常不重要 / 不重要 / 一般 / 重要 / 非常重要	满意度 非常不重要 / 不重要 / 一般 / 重要 / 非常重要
1	聚落自然生态文化基因	1 2 3 4 5	1 2 3 4 5
2	聚落农业种植文化基因	1 2 3 4 5	1 2 3 4 5
3	聚落特色建筑文化基因	1 2 3 4 5	1 2 3 4 5
4	聚落特色服饰文化基因	1 2 3 4 5	1 2 3 4 5
5	聚落特色饮食文化基因	1 2 3 4 5	1 2 3 4 5
6	聚落地方交通文化基因	1 2 3 4 5	1 2 3 4 5
7	聚落环境保护文化基因	1 2 3 4 5	1 2 3 4 5
8	聚落卫生整洁文化基因	1 2 3 4 5	1 2 3 4 5
9	聚落旅游购物服务基因	1 2 3 4 5	1 2 3 4 5
10	聚落购物纪念品文化基因	1 2 3 4 5	1 2 3 4 5
11	聚落节庆活动文化基因	1 2 3 4 5	1 2 3 4 5
12	聚落娱乐项目文化基因	1 2 3 4 5	1 2 3 4 5
13	聚落歌舞表演文化基因	1 2 3 4 5	1 2 3 4 5

---

① 根据在富川瑶族自治县秀水村调研情况，在恭城瑶族自治县红岩村聚落文化调查问卷中增加了"聚落艺术形式文化基因"和"聚落民族意识文化基因"两项。

续表

序号	影响要素	重要程度 非常不重要 / 不重要 / 一般 / 重要 / 非常重要	满意度 非常不重要 / 不重要 / 一般 / 重要 / 非常重要
14	聚落宗教信仰文化基因	1 2 3 4 5	1 2 3 4 5
15	聚落民风民俗文化基因	1 2 3 4 5	1 2 3 4 5
16	聚落艺术形式文化基因	1 2 3 4 5	1 2 3 4 5
17	聚落历史遗存文化基因	1 2 3 4 5	1 2 3 4 5
18	聚落民族意识文化基因	1 2 3 4 5	1 2 3 4 5
19	聚落居民商品经济意识文化基因	1 2 3 4 5	1 2 3 4 5
20	聚落服务产业商品化文化基因	1 2 3 4 5	1 2 3 4 5
21	聚落居民文明礼仪文化基因	1 2 3 4 5	1 2 3 4 5
22	聚落居民友好待客文化基因	1 2 3 4 5	1 2 3 4 5

（二）您认为旅游业发展给当地哪些方面影响最大？（您认为正面影响最大就在正面影响下打"√"，负面影响最大就在负面影响下打"√"）

（1）生态环境方面：

　　A. 正面影响：（如促进生态环境保护、环境美化和景观塑造等，以及前面所提到的内容）

　　B. 负面影响：（如旅游地水体污染、空气污染、噪音等污染严重，以及前面提到的内容）

（2）社会文化方面：

　　A. 正面影响：（如旅游地传统文化、古迹修复与保护，以及前面提到的内容）

　　B. 负面影响：（如当地居民过分注重物质利益，民族文化艺术失传，以及前面所提到的内容）

（3）经济方面：

　　A. 正面影响：（如当地财政收入增加，以及前面提到的内容）

　　B. 负面影响：（如造成农业与旅游产业不平衡，以及前面提到的内容）

附录2　恭城瑶族自治县红岩村聚落文化游客感知调查问卷

（三）游客基本信息

1. 您的性别：A. 男　　　　B. 女
2. 您的职业是：

    A. 政府公职人员　　　B. 企事业管理人员　　C. 专业/文教技术人员

    D. 服务销售商贸人员　E. 工人　　　　　　　F. 农民

    G. 学生　　　　　　　H. 离退休人员　　　　I. 其他

3. 您的年龄：

    A. 18–20 岁　　　　　B. 21–29 岁　　　　　C. 30–39 岁

    D. 40–49 岁　　　　　E. 50–59 岁　　　　　F. 60 岁及以上

4. 您的教育程度：

    A. 初中及以下　　　　B. 高中　　　　　　　C. 大专

    D. 大学　　　　　　　E. 研究生以上

5. 您税后月收入：

    A. 1000 元 –2000 元　B. 2001 元 –3000 元　C. 3001 元 –5000 元

    D. 5001 元 –8000 元　E. 8001 元 –1 万元　　F. 1 万元以上

6. 客源地：

    国内客人＿＿＿＿＿＿省（直辖市.自治区）/＿＿＿港＿＿＿澳＿＿＿台

    国外客人＿＿＿＿＿＿

7. 您认为瑶族地区乡村旅游可以开展的旅游项目有＿＿＿＿＿＿＿＿，最有特色的项目＿＿＿＿＿＿。（可多选）

    A. 果园采摘　　　　　B. 参与农事劳动　　　C. 参加节庆活动

    D. 体验瑶族民风　　　E. 品尝特色饮食

8. 在瑶族地区乡村旅游建设中，您认为目前最需要改进的是：

    A. 住宿　　B. 饮食　　C. 娱乐　　D. 交通　　E. 购物

    F. 游览设施　　G. 服务质量　　H. 宣传

9. 您认为瑶族地区开展乡村旅游应注意：

A. 条件还不成熟，放慢发展速度
B. 完全具备开展乡村旅游条件，应加大开发力度
C. 应建立一些独特的瑶族村寨为瑶族乡村旅游品牌
D. 应与其他旅游线路精品进行设计组合